30가지 재미있는 이야기로 배우는

초등 띄어쓰기 · 맞춤법

KB161973

30가지 재미있는 이야기로 배우는
초등 띄어쓰기 · 맞춤법

초판 인쇄 2021년 1월 11일
초판 발행 2021년 1월 15일

지은이　하늘땅사람
펴낸이　진수진
펴낸곳　책에 반하다

주소　경기도 고양시 일산서구 대산로 53
출판등록　2013년 5월 30일 제2013-000078호
전화　031-911-3416
팩스　031-911-3417
전자우편　meko7@paran.com

30가지 재미있는
이야기로 배우는

초등
띄어쓰기
맞춤법

글 하늘땅사람

햇갈리기 쉬운 띄어쓰기 · 맞춤법을 외우지 말고
재미있는 30가지 이야기로 자연스럽게 공부하기

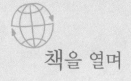

책을 열며

헷갈리기 쉬운 띄어쓰기 · 맞춤법 자연스럽게 공부하기

요즘 우리나라 교육에서 가장 중요하게 여겨지는 것이 영어 실력 향상입니다. 영어는 누구도 부정할 수 없는 21세기 최고의 국제어지요.

하지만 국어 교육의 밑받침 없는 영어 실력 향상은 모래 위에 집을 짓는 것과 다르지 않습니다. 생각의 폭과 깊이를 확장시키는 데는 모국어의 역할이 가장 중요하니까요. 남다른 생각의 폭과 깊이를 갖춘 사람이 외국어도 수준 높게 활용할 수 있는 법입니다.

그래서일까요? 최근에는 많은 기업과 학교, 단체에서 인재를 선발할 때 한국어능력시험 성적을 요구하고 있습니다. 어느 분야에서든 국어를 폭넓게 이해하고 정확하게 사용하는 것이 미래 인재가 갖춰야 할 기본적인 자질이라고 판단하기 때문이지요.

게다가 얼마 전부터는 외국에서도 한국어 교육 열풍이 불어 닥치고 있습니다. 이제 우리의 국어는 세계적으로 그 가치를 인정받는 언어로 자리잡았습니다.

그러므로 어린이 여러분의 우리글 우리말 학습은 뒤로 미룰 수 없는 중요한 일입니다. 우리글 우리말을 잘 알아야 어떤 과목의 어려운 문장도 쉽게 이해할 수 있고, 글과 말을 통해 자신의 생각을 정확히 표현할 수도 있습니다.

그런 면에서『재미난 이야기로 배우는 띄어쓰기 · 맞춤법』이 어린이 여러분의 국어 실력 향상에 도움이 되면 좋겠습니다. 그럼 지금부터 재미난 이야기들 속에 감춰진 우리글 우리말의 비밀을 함께 공부해 볼까요?

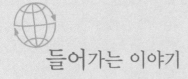

아름답고 과학적인 우리글의 역사

우리글의 탄생 ; 지난 1443년은 우리나라에 역사적인 해였습니다. 조선 제4대 국왕이었던 세종대왕은 집현전 학자들과 함께 우리글 28자를 완성했지요.

■ **집현전** - 고려시대와 조선시대에 궁궐에 설치되었던 학문 연구기관이에요. 세종대왕 때 그 기능이 더욱 확대되었지요. 집현전에서는 학식과 덕망이 높은 신하가 임금에게 바람직한 국왕의 길을 강의했으며, 장차 임금이 될 세자를 교육하기도 했어요. 특히 세종대왕은 서적 편찬 사업 등을 통해 뛰어난 학자들을 배출하는 데도 많은 공을 들였지요.

우리글의 수난 ; 하지만 세종대왕의 위대한 결실은 곧 벼슬아치들의 저항에 부딪혔습니다. 최만리 등 여러 관리들은 독창적인 우리의 문자를 '언문'이라고 낮춰 부르며 절대 인정할 수 없다고 버텼거든요. 그들은 중국의 한자만이 수준 높은 문자라고 생각했답니다.

■ **언문** - 상스러운 문자라는 뜻이에요. 조선시대에 한글을 속되게 일컫던 말이지요. 그 밖에 한글을 낮추어 '암글'이라고 부르기도 했어요. 당시 남자만큼 교육을 받을 수 없었던 여자들이나 쓰는 문자라는 의미였지요. 참고로 '한글'이라는 명칭은 1900년대 초 국어학자 주시경이 처음 쓰기 시작했어요.

**세종대왕의 의지 ; 그럼에도 세종대왕은 결코 뜻을 굽히지 않았습니다. 세종대왕에게는 모든 백성들이 자유롭게 쓸 수 있는 문자를 만들겠다는 꿈이 있었으니까요.

세종대왕은 다시 3년 동안 우리글에 대한 연구를 계속했습니다. 이미 만든 28자를 좀 더 갈고 다듬어 완벽한 문자로 발전시켰지요. 아울러 집현전 학자들에게는 왜 우리글을 만들며 그 원리는 어떤 것인지 밝히도록 했습니다.

그렇게 해서 1446년 반포한 것이 바로 '훈민정음'이랍니다. 우리글이 탄생한 것을 세상에 널리 알린 것이지요.

■ **사라진 자음과 모음** - 한글은 1446년 당시 모두 28개의 자음과 모음으로 만들어졌어요. 그러나 지금은 24개의 자음과 모음만 쓰이고 있지요. '·, ㅿ, ㆆ, ㆁ' 4개는 역사의 흐름에 따라 우리말이 변화를 겪으면서 사라지게 되었어요.

**훈민정음 ; 훈민정음이란, '백성을 가르치는 바른 소리'라는 의미입니다. 세종대왕은 훈민정음 서문에 다음과 같은 글을 남겼습니다.

'우리나라 말이 중국과 달라 한자와 서로 통하지 않으므로 그 뜻을 제대로 나타내지 못하는 백성들이 많다. 내가 그것을 딱하게 여겨 스물여덟 자를 만들어 세상에 내놓으니, 모든 사람들이 쉽게 깨우쳐 날마다 편하게 쓰도록 하기 위함이다.'

■ **표음문자** - 사람이 말하는 소리를 그대로 기호로 나타낸 문자를 말해요. 한글을 비롯해 로마자, 아라비아 문자 등이 여기에 속하지요. 그와 달리 각각의 글자가 말소리와 상관없이 저마다 고유의 뜻을 가지고 있는 문자는 표의문자라고 해요. 한자가 그 대표적인 예지요. 표음문자

는 소리글자, 표의문자는 뜻글자라고도 해요.

**우리글을 가진 행복 ; 전 세계에 스스로 개발한 독특한 문자를 가진 민족
은 많지 않습니다. 그 문자로 학문을 연구하며 사회 각 분야에서 의미 있는
의사소통까지 하는 경우는 두말할 필요 없지요. 그러므로 자기 민족 고유의
문자가 있다는 사실은 충분히 자부심을 가질 만하답니다.
만약 우리말을 가장 잘 표현할 수 있는 우리글이 없다면, 지금쯤 우리
는 한자나 영어로 글을 쓰고 의사소통을 할 것입니다. 정말이지 생각만
해도 답답하고 자존심 상하는 일이지요.
■**세계 속의 한글** – 한글은 남북한을 중심으로 세계에서 12번째로 많
은 사람들이 사용하는 언어예요. 그뿐 아니라 일찍이 유명한 언어학자
들이 한글의 과학성을 인정했지요. 그런 까닭에 유네스코는 훈민정음
을 세계기록유산으로 지정했어요. 아울러 1990년부터 인류의 문맹률을
낮추는 데 업적을 세운 단체나 개인에게 '세종대왕상'을 시상하고 있지
요.

재미난 이야기로 배우는
띄어쓰기 · 맞춤법

Contents

'다르다'와 '틀리다'

'다르다'는 비교되는 대상이 서로 같지 않다는 말입니다. '틀리다'는 어떤 사실이 그렇지 않거나 계산 따위가 잘못되었을 때 쓰는 말이고요.

★☆ 로빈슨 크루소

로빈슨은 천천히 기둥에 그어 놓은 빗금을 세어 보았습니다. 빗금은 모두 365개. 로빈슨이 섬에 표류한 지 어느덧 꼭 1년이 되는 날이었습니다.

'벌써 이렇게 세월이 흐르다니…. 아, 내가 다시 고향으로 돌아갈 수 있을까?'

순간 로빈슨은 마음이 몹시 울적했습니다. 그래서 그 날을 단식일로 정한 뒤 하루 종일 집 안에 틀어박혀 성경을 읽었습니다. 그러자 서서히 슬픔이 가라앉으면서 아침과 저녁의 기분이 완전히 달라졌습니다. 난파된 배에서 기적적으로 살아남은 것만 해도 감사할 따름이었습니다.

이튿날, 지난 며칠 동안 줄기차게 퍼붓던 비가 그쳤습니다. 로빈슨은 다시 활기를 되찾아 새로운 계획을 세웠습니다.

"오늘은 밭을 일궈 씨앗을 뿌려봐야지."

로빈슨은 밖으로 나가 나무로 만든 삽을 이용해 땅을 팠습니다. 그런 다음 자루에 넣어 소중히 보관해 두었던 보리와 볍씨를 절반쯤 뿌렸습니다.

하지만 며칠이 지나도 씨앗을 뿌린 땅에서는 싹이 하나도 나지 않았습니다. 로빈슨은 실망스러워 한숨을 푹 내쉬었지만, 곡식을 재배하려는 꿈을 포기하지는 않았습니다.

로빈슨은 그동안 섬에서 써 온 일기를 꼼꼼히 살펴보며 날씨의 변화를 연구했습니다. 그 결과 어느 때 씨앗을 뿌려야 좋은지 깨달았습니다.

'내가 우기와 건기의 주기를 무시했어. 그래, 씨앗을 뿌리는 시기부터 틀렸던 거야.'

로빈슨은 실패를 거울삼아, 몇 달 후 남겨 둔 절반의 씨앗을 뿌렸습니다. 이번에는 보리와 벼가 이내 싹을 틔워 무럭무럭 잘 자랐습니다.

"성공이야! 저 곡식들을 수확하면 맛있는 빵과 비스킷을 넉넉히 만들 수 있겠지. 이제 식량 걱정은 하지 않아도 돼. 미리미리 보리와 벼를 보관할 바구니를 만들어 놓아야겠군."

그 무렵, 로빈슨이 울타리 삼아 집 주위에 심어 두었던 나무들이 뿌리를 내려 새로운 가지가 돋아나고 있었습니다. 로빈슨은 그 가지들 가운데 부드러운 것들만 잘라 그늘에서 말렸습니다. 그런 다음 마른 가지들을 엮어 바구니를 만들었습니다. 로빈슨은 그런대로 쓸 만한 바구니의 모양새에 흐뭇한 표정을 지었습니다.

그로부터 며칠 뒤, 로빈슨은 좀더 먼 해안까지 가 보고 싶어졌습니다. 그래서 맑게 갠 날 총과 도끼를 챙겨 들고 개와 함께 길을 나섰습니다. 어깨에 둘러멘 자루 속에는 식량도 충분히 챙겨 넣었습니다.

그렇게 얼마쯤 걸었을까요? 깊은 계곡을 벗어나자 새파란 바다가 펼쳐졌습니다. 그 순간 로빈슨의 두 눈이 휘둥그레졌습니다. 저 멀리 하늘과 바다가 맞닿은 곳에 육지 같은 것이 보였기 때문입니다.

'저 곳은 어디일까? 섬일까, 어느 대륙의 한 부분일까?'

이어 로빈슨의 머릿속에 불길한 생각이 스쳐 지나갔습니다.

'아, 어쩌면 저 곳에 야만인들이 살지 몰라. 야만인들은 사람을 잡아먹는다는데…. 만약 그들이 바다를 건너 이 섬으로 오면 어떻게 하지?'

그런 생각을 하자, 로빈슨은 갑자기 두려워졌습니다. 자기도 모르게 머리카락이 쭈뼛 곤두서는 듯했습니다.

그러나 로빈슨은 걸음을 멈추지 않았습니다. 그는 애써 마음을 가라앉히며 바닷가 여기저기를 둘러보았습니다. 그 곳은 로빈슨이 살고 있는 해안과 여러모로 달랐습니다. 경치가 한결 아름다웠고, 근처 숲의 나뭇가지에는 초록빛 앵무새들이 여러 마리 앉아 있어 로빈슨의 눈길을 끌었습니다. 그 앵무새들은 사람이 가까이 다가가도 도망치지 않았습니다.

'저 앵무새를 한 마리 잡아 길들여볼까? 말을 가르치면 썩 괜찮은 친구가 되어줄 거야.'

섬에 표류하고 나서 이야기를 나눌 상대가 없어 무척 외로웠던 로빈슨은 어린 앵무새 한 마리를 잡았습니다. 그리고 집으로 돌아오다가 골짜기 풀숲에서 아기염소도 한 마리 사로잡았습니다. 앵무새와 아기염소를 데리고 집에 다다른 로빈슨은 짐을 내려놓자마자 새장부터 만들었습니다.

잠시 뒤, 로빈슨이 앵무새를 바라보며 말했습니다.

"이제부터 너를 폴이라고 부를게. 어때, 이름이 마음에 드니?"

로빈슨은 폴과 어느 정도 친해지자, 맨 먼저 자기 이름을 가르쳤습니다.

"노비…. 노비…."

"틀렸어, 폴. 로, 빈, 슨이라고 다시 한 번 해봐."

그렇게 얼마 지나지 않아 폴은 곧잘 로빈슨의 이름을 흉내 내며 소리쳤습니다.

"로빈! 로빈! 로빈!"

물론 정확한 발음은 아니었지만, 그 정도로도 로빈슨은 아주 기뻤습니다. 정말 오랜만에 누군가 자기의 이름을 불러 주는 것이었으니까요.　　　　　　　*다니엘 디포 지음(부분 발췌)

[알쏭달쏭 복습하기]
'다르다'일까, '틀리다'일까?
- 우리말과 영어는 문장의 구성이 (1.다르다 2.틀리다).
- 저 식당에서 파는 냉면은 육수 맛부터 (1.다르더군 2.틀리더군).
- 이 문제마저 (1.다르면 2.틀리면) 우등상을 탈 수 없어요.
- 한국전쟁이 1960년에 일어났다는 네 말은 (1.달라 2.틀려).
- 남자와 여자는 똑같은 인간이면서 (1.다른 2.틀린) 점도 많아요.
*정답 : 1, 1, 2, 2, 1

[재미난 이야기 한 걸음 더]
로빈슨 크루소의 불행과 행복
로빈슨 크루소는 홀로 무인도에 표류한 것을 알고 깊은 슬픔에 잠겼습니다. 하지만 그는 곧 자신의 행운을 떠올리며 캄

캄한 절망을 이겨냈지요. 그랬기 때문에 무려 28년 2개월 19일 만에 영국으로 다시 돌아올 수 있었답니다.

로빈슨 크루소는 자신의 불행과 행복을 다음과 같이 정리했습니다.

- 불행한 점 ; 첫째, 무인도에 혼자 떨어져 구조될 가능성이 없다. 둘째, 기약도 없이 외롭게 살아가지 않으면 안 된다. 셋째, 사나운 짐승이나 야만인이 언제 나타날지 모른다.
- 행복한 점 ; 첫째, 함께 배에 탄 다른 사람들은 모두 죽었는데 나는 살아남았다. 둘째, 이런저런 먹을거리가 있어 굶어 죽을 염려는 없다. 셋째, 아직은 사나운 짐승이나 야만인이 나타나지 않았다.

이렇듯 로빈슨 크루소는 세상의 모든 일에 좋은 면과 나쁜 면이 늘 함께 존재한다고 생각했습니다. 그것이 절망 속에서 큰 위안이 되었음은 두말할 필요 없지요.

'~던'과 '~든'

지난 일을 이야기할 경우 '~던' 또는 '~더라'의 형태로 써야 합니다. 그 내용이 어떤 일이나 사물을 가리지 않는다는 뜻일 경우 '~든'의 형태로 써야 하고요.

★☆ 작은 깃털 이야기

"정말 무서운 일이야."

닭 한 마리가 말문을 열었습니다.

"자네도 들었나? 저 너머에 있는 닭장에서 무서운 일이 일어났다는군. 오늘 밤에는 도저히 혼자 못 자겠어. 하룻밤만이라도 함께 잠을 잤으면 해."

도대체 무슨 일이 일어났던 것일까요? 그 이야기에 다른 닭들은 일제히 깃털을 곤두세웠고, 수탉은 고개를 푹 숙인 채 붉은 벼슬을 아래로 떨구었습니다.

그럼 차근차근 그 무서운 일에 관해 알아보도록 하지요.

그 일은 마을 모퉁이에 있는 어느 닭장에서 시작된답니다.

해가 뉘엿뉘엿 기울자 닭들은 잠자리로 날아올랐습니다. 그런데 그 가운데 한 닭이 잠자리에서 부리로 털을 매만지다가 그만 작은 깃털 하나를 떨어뜨렸습니다. 그 닭은 흰 깃털에 튼튼한 다리를 가진 건강한 모습으로 날마다 알을 낳아 다른 닭들로부터 부러움을 샀지요.

나풀거리며 땅으로 떨어지는 깃털을 보고 암탉이 소리쳤습니다.

"어이쿠, 저걸 어째! 매만질수록 점점 아름다워지는 내 깃털이 뽑혔네."

하지만 이 말은 암탉이 괜히 너스레를 떤 것이었습니다. 명랑한 성격을 지닌 암탉은 그 일을 전혀 마음에 두지 않은 채 잠에 빠져들었습니다.

그 때 아직 잠들지 않은 다른 암탉이 또 다른 암탉과 이야기를 나누고 있었습니다. 그 암탉은 소문난 수다쟁이였지요.

"너도 소문 들었니? 누구라고 말하기는 뭐하지만, 어떤 암탉은 수탉에게 잘 보이려고 비가 오든 눈이 오든 만날 깃털을 매만진다지 뭐야. 내가 수탉이라면 그런 암탉을 오히려 싫어할 텐데."

마침 닭장 밖 나무에 사는 올빼미 가족이 그 이야기를 엿들었습니다. 엄마 올빼미가 두 눈을 동그랗게 뜨고 새끼들에게 말했습니다.

"얘들아, 참 어리석은 암탉이로구나. 저기 횃대에 앉아 있는 한 암탉이 자기 주제도 모르고 수탉에게 잘 보이기 위해 몸의 깃털을 모두 뽑아 버렸단다.”

그러자 아빠 올빼미가 엄마 올빼미를 나무랐습니다.

“여보, 지금 무슨 이야기를 하는 거요! 아이들 교육에 좋지
않소.”

“당신 말을 듣고 보니 그렇군요. 이웃집 올빼미 친구에게나
말해 줘야죠, 뭐.”

엄마 올빼미는 서둘러 이웃집으로 날아갔습니다. 그런데
잠시 뒤 어둠 속에서 비둘기들의 이야기 소리가 들려오지 뭐
예요.

“너희들도 소문 들었니? 어떤 암탉 한 마리가 수탉에게 잘
보이려고 자기 몸의 깃털을 몽땅 뽑아 버렸대. 그 암탉은 겨
울이 오면 틀림없이 얼어 죽을 거야.”

“어디 사는 암탉인데? 나도 구경을 가 봐야겠어.”

“마을 모퉁이에 있는 닭장 속 닭이야. 나는 직접 그 암탉을
보았지. 정말이야. 내가 이 두 눈으로 어리석은 암탉을 똑똑
히 보았다고.”

비둘기들은 저마다 한마디씩 수군거렸습니다. 그 중 몸집
이 자그마한 비둘기는 좀더 자세히 이야기했습니다.

“그래, 그 암탉 이야기는 나도 들었어. 소문에 어리석은 암
탉은 두 마리라고 하더군. 그들은 남들과 다르게 보이고 싶어
서 깃털을 모두 뽑아 버렸다는 거야. 두 마리 다 지독한 감기

에 걸려 죽게 될 것이 뻔해."

비둘기들이 나누는 이야기는 박쥐들의 귀에도 들렸습니다. 박쥐들도 그 이야기를 화제로 신바람이 났지요.

"쯧쯧, 암탉 세 마리가 수탉을 짝사랑하다가 죽었다는군. 놀랍게도 그들은 깃털을 전부 뽑아버렸다지 뭔가. 못 말리는 암탉들이야."

암탉의 깃털에 관한 이야기는 마을 밖에까지 떠돌며 눈덩이처럼 부풀었습니다. 심지어 나중에는 어떤 까마귀가 이렇게 떠들어 대기에 이르렀답니다.

"암탉 다섯 마리가 수탉에게 예쁘게 보이려고 깃털을 하나도 남김없이 뽑아 버렸대. 그뿐 아니라 그 암탉들은 자기가 잘났다며 서로 피를 흘리며 싸우다가 모두 죽어 버렸다는군. 아이고, 어쩜 그렇게 멍청하지!"

그 이야기는 마침내 깃털 하나를 잃고 너스레를 떨었던 암탉의 귀에까지 들려 왔습니다. 하지만 암탉은 자기 이야기인 줄 꿈에도 몰랐지요. 그 암탉도 그냥 지나치지 않고 한마디 했습니다.

"어디에나 그처럼 어리석은 암탉들이 있지. 나는 그런 암탉들이 정말 싫어. 온 나라의 바보 같은 암탉들이 깨우치도록 그 이야기를 신문사에 알려야겠군."

그래서 그 이야기는 결국 신문에까지 실리게 되었습니다.

어때요, 조그만 깃털 하나가 벌거벗은 다섯 마리 닭의 죽음으로까지 변한 것이 참 놀랍지 않나요?　*안데르센 지음

[알쏭달쏭 복습하기]
'~던'일까, '~든'일까?
- 어제 보니까 너의 수영 실력이 엄청 (1.늘었던데 2.늘었든데).
- 지난주에는 아무도 찾아오지 (1.않았다더라 2.않았다드라).
- (1.밥이던 라면이던 2.밥이든 라면이든) 배만 부르면 되지, 뭐.
- 그 사람이 (1.떠나던지 말던지 2.떠나든지 말든지) 상관하지 않겠어요.
- 당신이 원한다면 (1.별이던 달이던 2.별이든 달이든) 모두 따다 드릴게요.
*정답 ; 1, 1, 2, 2, 2

[재미난 이야기 한 걸음 더]
130여 편에 달하는 안데르센의 동화 작품
『인어공주』, 『미운 오리새끼』, 『벌거숭이 임금님』, 『성냥팔이 소녀』, 『빨간 구두』…. 오늘날에도 여전히 걸작으로 손꼽히

는 이 동화들을 쓴 작가가 안데르센입니다.

안데르센은 덴마크 코펜하겐에서 태어났는데, 젊은 시절에 시를 쓰면서 문학의 길로 접어들었습니다. 그 후 그는 동화 작품을 잇달아 발표하면서 유럽에서 가장 주목받는 작가로 인정받았지요. 안데르센은 평생 130여 편의 동화 작품을 세상에 내놓아 전 세계 어린이들의 정신적 성장에 크나큰 영향을 미쳤답니다.

서정적인 문체로 그려낸 환상의 세계와 인간을 사랑하는 따뜻한 마음!

이것은 안데르센 동화의 특징을 한마디로 표현하는 말입니다. 덴마크 국민들은 안데르센을 무척 자랑스러워해, 그가 죽음을 맞자 너나없이 한없는 슬픔에 잠겼습니다. 당시 덴마크 국왕도 장례식에 참석해 위대한 작가에게 깊은 존경심을 나타냈습니다.

'~이'와 '~히'

끝음절의 발음이 분명히 '이'로 나는 경우 '~이'의 형태로 써야 합니다. 끝음절의 발음이 분명히 '히'로 나거나 '이'나 '히'로 날 경우에는 '~히'의 형태로 쓰고요. 그 밖에 '~하다'를 붙여 말이 되면 '~히'를 쓰기도 합니다. 하지만 어느 경우에나 꼭 들어맞는 원칙은 아닙니다. '~하다'를 붙여 말이 되어도 ㅅ받침 다음에는 '~이'로 쓰니까요. 그 밖에도 '~하다'를 붙여 말이 되지만 '깊숙이'처럼 예외적인 경우가 적지 않습니다.

★☆ 혀는 힘이 세다

옛날에 어느 왕이 희귀한 병에 걸렸습니다. 이런저런 약을 다 써 보았지만 소용없었지요. 왕궁의 의사는 오로지 암사자의 젖을 먹어야 병이 나을 수 있다고 이야기했습니다.

"사나운 암사자의 젖을 어떻게 짜 온단 말인가….."

왕은 걱정이 이만저만 아니었습니다. 그 때 한 신하가 나서며 씩씩하게 말했습니다.

"폐하, 제가 암사자의 젖을 구해 오겠습니다."

왕은 신하의 말을 듣고 낯빛이 환해졌습니다. 그 신하는 이튿날 날이 밝자마자 먼 길을 걸어 사자들이 사는 지역에 다다랐습니다.

때마침 그 곳에는 암사자 한 마리가 발바닥에 박힌 가시 때문에 끙끙거리며 괴로워하고 있었습니다. 그 곁에는 어미를 걱정스럽게 바라보는 새끼사자들이 있었지요.

신하는 겁도 없이 암사자에게 가까이 다가가 가시를 빼 주었습니다. 암사자는 통증이 말끔히 잦아들자 자기를 도와준 고마운 신하에게 꾸벅 인사를 했습니다.

"감사합니다. 혹시 제가 도와드릴 일이 없을까요?"

암사자의 물음에 신하는 망설임 없이 대답했습니다.

"네 젖을 조금만 짜 줄 수 있겠니?"

그 말에 암사자는 기꺼이 젖을 내주었습니다. 암사자의 젖을 얻은 신하는 서둘러 왕궁으로 향했습니다.

왕궁으로 돌아가는 길은 멀고 험했습니다. 얼마 뒤 몹시 피곤해진 신하는 큰 나무 아래로 가서 잠시 낮잠을 잤습니다.

그런데 그 때, 신하는 자신의 다리와 눈과 심장이 서로 다투는 참 이상한 꿈을 꾸게 되었습니다. 먼저 다리가 소리쳤습니다.

"내가 아니었으면 암사자가 있는 곳에 다다르지 못했어."

그러자 눈이 '흥!' 하고 코웃음을 쳤습니다.

"거기에 가기만 하면 뭐 해. 내가 아니었으면 암사자가 어디에 있는지 절대 찾지 못했을 거야."

심장도 가만히 있지 않고 으스댔습니다.

"모두 까불지 마. 내가 없으면 너희들은 살아 있지도 못해."

그 순간 느닷없이 혀가 나섰습니다.

"그만 좀 조용히 못하겠니! 똑바로 말을 할 수 없으면 너희들은 아무짝에도 쓸모없다는 것 몰라?"

혀의 이야기에 다리와 눈과 심장이 깔깔거리며 웃어댔습니다.

"아이고, 우스워라! 입 속에 갇혀 사는 조그만 녀석이 자기 주제를 알아야지."

그러자 혀가 무섭게 얼굴빛을 바꾸며 말했습니다.

"좋아, 너희들 말에 일일이 대꾸하지 않겠어. 머지않아 누가 가장 중요한지 깨닫게 될 테니까."

잠시 후, 낮잠에서 깨어난 신하는 부지런히 다시 길을 걸었습니다. 한참 만에 왕궁에 도착한 신하를 보고 왕이 반가워하며 물었습니다.

"수고했네. 자네가 가져온 것이 정말 암사자의 젖이란 말인가?"

그런데 그 때 놀라운 일이 벌어지고 말았습니다. 신하의 입에서 희한한 말이 튀어나온 것이지요.

"아닙니다, 폐하. 이것은 개의 젖입니다."

그제야 다리와 눈과 심장은 혀의 힘을 깨달았습니다. 그들은 당황해서 어찌 할 바를 모르며 혀에게 싹싹 빌었습니다.

"우리가 잘못했어. 어서 폐하께 솔직히 말하렴. 그렇지 않으면 우리 모두 죽고 말 거야."

다리와 눈과 심장의 사과에 혀는 비로소 화가 풀렸습니다.

"이제 알겠지? 내가 자칫 실수하면 너희들은 순식간에 목숨을 잃을 수도 있어."

그러면서 혀는 왕에게 암사자 젖이 맞다고 다시 말했습니다. 그제야 다리와 눈과 심장은 안도의 한숨을 내쉬었습니다.

*『탈무드』 중에서

[알쏭달쏭 복습하기]
'~이'일까, '~히'일까?
- 너는 왜 (1.번번이 2.번번히) 그런 실수를 하니?
- 고기잡이배가 (1.줄줄이 2.줄줄히) 꽃게를 낚아 올리고 있습니다.
- 교실 청소를 (1.깨끗이 2.깨끗히) 하면 기분이 참 상쾌해져요.
- 네 잘못을 (1.솔직이 2.솔직히) 고백하면 용서해 주마.
- 그 사람은 자기가 할 일을 (1.정확이 2.정확히) 알고 있습니다.
*정답 ; 1, 1, 1, 2, 2

『탈무드』

세계에는 다양한 민족들이 있습니다. 그 중에는 히브리어를 사용하고 유대교를 믿는 유대인도 있지요.

유대인은 흔히 유태인, 이스라엘 인으로도 불립니다. 그들은 오랜 세월 동안 전 세계 곳곳에 흩어져 살다가 1948년 이스라엘을 건국했습니다.

유대인에게는 민족을 단결시키고 전통을 계승하게 하는 훌륭한 정신적 문화유산이 있습니다. 그것이 다름 아닌 『탈무드』입니다.

『탈무드』에는 유대교의 율법과 풍습, 가치관 등이 폭넓게 기록되어 있습니다. 유대인이라면 누구나 어린 시절 『탈무드』를 통해 민족의 문화와 역사를 교육받지요. 오늘날 『탈무드』는 유대인을 넘어 전 세계인들에게 삶의 지혜를 가르쳐 주는 소중한 책으로 평가받고 있습니다.

'ㅇ밖'과 'ㅇ밖'

'밖'이 '바깥'이나 '너머'의 의미로 쓰이면 띄어 써야 합니다. 하지만 '밖'이 '그것뿐'의 뜻으로 쓰이면 붙여 써야 합니다.

★☆ 산을 옮긴 집념과 정성

옛날 중국에 태형이라는 산과 왕옥이라는 산이 있었습니다. 두 산은 둘레가 700리나 될 만큼 웅장했지요.

그런데 근방에 나이가 90세가 다 된 '우공'이란 노인이 살고 있었습니다. 노인의 가족은 집 밖으로 나서 어디를 가려고 해도 두 산을 빙 둘러 다녀야 했지요. 그것은 이만저만 힘들고 번거로운 일이 아니었습니다.

그러던 어느 날, 우공이 자식들을 불러놓고 이야기했습니다.

"얘들아, 집 앞을 가로막고 있는 산들 때문에 불편한 점이 한두 가지가 아니구나. 우리 함께 힘을 합쳐 저 산들을 깎아내 멀리 옮기자꾸나."

자식들은 아버지의 말에 흔쾌히 찬성했습니다. 그런데 마침 우공의 집에 놀러 왔던 지수라는 사람이 어처구니없다는 표정을 지으며 말했습니다.

"아니, 저렇게 큰 산들을 옮기겠다고요? 조금밖에 남지 않은 영감님 인생에 그 일이 가능하다고 생각하시나요? 제발 헛된 꿈 꾸지 마세요!"

그러자 우공이 슬쩍 미소를 지으며 대꾸했습니다.

"걱정 말게. 내가 죽더라도 아들들이 그 일을 계속할 테니까. 만약 아들들이 일을 마치지 못하면 또 손자들이 있잖나. 세월이 흘러도 산들은 더 이상 커지지 않을 것이니, 언젠가는 집 앞에 평평한 길이 뻥 뚫릴 날이 오겠지."

그 말을 들은 지수는 놀라움에 한동안 입을 다물 수가 없었습니다.

우공은 이튿날부터 당장 산들을 옮기기 시작했습니다. 그 소문은 금세 옥황상제에게도 전해졌습니다.

옥황상제는 감동한 얼굴로 신하들에게 말했습니다.

"우공이란 자, 정말 대단한 집념을 가진 사람이구나. 천지간에 가장 힘이 센 과아씨의 아들을 보내 그를 도와주도록 하라."

그렇게 우공은 옥황상제의 도움으로 순식간에 산들을 옮길 수 있게 되었습니다. 과아씨의 아들은 산들을 번쩍 들어 하나는 삭동이라는 곳에, 다른 하나는 옹남이라는 곳에 두었습니다.

*『열자』 중에서

'∨밖'일까, '⌒밖'일까?

– 내가 확실히 믿는 친구는 (1.너 밖에 2.너밖에) 없다.

– (1.나라 밖에 2.나라밖에) 나가 봐야 애국자가 된다는 말
  이 있습니다.

– 이것은 제 (1.능력 밖의 2.능력밖의) 일입니다.

– 이제 내 지갑에는 돈이 (1.천 원 밖에 2.천 원밖에) 남지
  않았다.

– (1.학교 밖에 2.학교밖에) 친구들과 놀 만한 곳이 어디
  있니?

*정답 ; 2, 1, 1, 2, 1

[재미난 이야기 한 걸음 더]

절굿공이로 바늘 만들기

중국의 대표적 시인 이백은 시를 짓는 신선이라는 의미로
'시선'이라고 불렸습니다. 그런데 이백은 젊은 시절 공부에 게
으름을 피운 적이 있었지요.

이백은 무작정 스승 곁을 떠나 집으로 돌아오다가 마을 어
귀에서 낯선 할머니를 만났습니다. 할머니는 쇠로 만든 절굿
공이를 열심히 갈고 있었지요.

이백이 고개를 갸웃거리며 물었습니다.

"할머니, 무얼 만들려고 단단한 절굿공이를 갈고 계십니까?"

"이 절굿공이는 너무 낡았어. 그래서 가늘게 갈아 바늘을 만들려고 한다네."

그 말을 들은 이백은 깜짝 놀라며 다시 물었습니다.

"어이쿠, 할머니! 어느 세월에 절굿공이를 갈아 바늘을 만들겠어요?"

그러자 할머니는 따뜻한 눈길로 이백을 바라보며 말했습니다.

"젊은이, 무엇이 걱정인가? 이 일을 포기하지만 않는다면 언젠가는 바늘이 될 텐데."

순간 이백은 공부에 게으름을 피우는 자신이 한없이 부끄러워졌습니다. 이백은 그 길로 당장 스승을 찾아 발걸음을 돌렸습니다.

'~돼다'와 '~되다'

우선 '~돼다'라는 것은 틀린 표현입니다. '~되다'라고 해야 옳습니다. 하지만 '~돼'를 쓰는 경우는 있습니다. 이 때 '~돼'는 '~되어'의 준말입니다. 마찬가지로 '~됐'은 '~되었'의 준말이고요. 다시 말해 '~되어'나 '~되었' 으로 바꾸어 말이 되면 '~돼'나 '~됐'으로 써도 상관없습니다.

★☆ 노트르담의 꼽추

16년 전 어느 날이었습니다. 노트르담 성당의 탁자 위에서 아기 울음소리가 들렸습니다. 그 탁자는 딱한 사정이 있는 사람들이 아기를 버려두는 곳이었습니다. 그러면 원하는 사람 누구라도 그 아기를 데려다 키울 수 있었습니다.

그 날, 때마침 노트르담 성당을 찾은 사람들이 호기심 반 안타까움 반으로 버려진 아기를 살펴보았습니다. 그런데 웬일인지 사람들은 화들짝 놀라며 아기에게서 금세 얼굴을 돌렸습니다.

"어머나, 어쩜 저렇게 흉측한 모습일까!"

"생긴 것만 괴물 같은 게 아니라 울음소리까지 듣기 싫군. 커다란 혹 때문에 한쪽 눈이 가려져 마치 외눈박이 같아….."

사람들은 너나없이 못 볼 것을 본 양 불쾌한 표정을 지었습니다. 심지어 재난의 징조라면서 불안해하는 사람도 있었습니다.

그 때 사람들 곁에 말없이 서 있던 젊은 신부 한 사람이 탁자로 다가가 직접 아기를 살펴보았습니다. 그 신부 역시 여느 사람들처럼 순간 당혹스런 낯빛이 되었습니다.

아기는 누구라도 두 번 다시 쳐다보고 싶지 않을 만큼 흉측한 몰골이었습니다. 외눈박이처럼 보이는 것도 모자라, 펑퍼짐한 코에 일찌감치 덧니까지 삐져나와 있었으니까요. 그뿐 아니라 쉴 새 없이 침을 질질 흘렸고, 어떤 표정인지 도무지 알 수 없게 얼굴이 일그러져 있었습니다.

하지만 젊은 신부는 여느 사람들과 달랐습니다. 그는 자기가 아기를 키우겠다며 가슴에 끌어안더니 곧 성당 안에 있는 숙소로 사라졌습니다.

그 신부의 이름은 클로드 프롤로. 그는 부모의 소망에 따라 어린 시절부터 성직자의 길을 걸었습니다. 클로드 프롤로는 단지 신학뿐만 아니라 법학과 의학, 예술 분야에도 폭넓은 학식을 쌓았습니다.

그런데 어느 날 그에게 커다란 불행의 그림자가 드리워졌습니다. 프랑스를 휩쓴 페스트 때문에 부모님이 한꺼번에 목숨을 잃었던 것입니다. 공부를 하느라 고향을 떠나 있던 클로드 프롤로는 한달음에 집으로 달려갔습니다. 부모님이 세상을 떠난 집에는 젖먹이 동생만 배고픔에 지쳐 울부짖고 있을 뿐이었습니다.

그 날 이후 클로드 프롤로의 인생에는 엄청난 변화가 일어났습니다. 그는 자신의 모든 것을 희생해서라도 부모님 대신 하나뿐인 동생을 잘 돌보겠다고 결심했습니다. 그에게 훌륭한 성직자가 되는 것과 더불어 또 다른 삶의 목표가 생겼던 것입니다.

'참 불쌍한 아기야. 동생을 위해서라도 내가 이 아기를 잘 보살펴야지.'

그렇습니다. 클로드 프롤로가 성당에 버려진 흉측한 아기를 키우기로 마음먹은 것도 동생의 딱한 처지가 생각났기 때문입니다.

클로드 프롤로는 아기를 카지모도라는 이름으로 불렀습니다. 그리고 카지모도가 열네 살이 됐을 때, 노트르담 성당의 종지기로 일하도록 해주었습니다. 더불어 자신도 열심히 성직자의 길을 걸어 그 무렵 부주교가 되었습니다.

댕! 댕! 댕!

카지모도는 종을 치는 순간이 무척 행복했습니다. 그러나 종지기로 일하려면 그만한 대가를 치러야만 했습니다. 가까이에서 들으면 워낙 종소리가 큰 탓에, 어느 날 그의 고막이 터져 버렸던 것입니다.

카지모도는 그 사고가 있고 나서 더욱 주눅이 들었습니다. 안 그래도 외모에 자신이 없어 사람들 앞에 나서기를 꺼렸는데, 그야말로 엎친 데 덮친 격이었습니다. 그 바람에 카지모도는 아예 말문을 닫고 지내기로 마음먹었습니다. 커다란 종소리나 겨우 듣는 형편에 말을 할 필요가 없다고 생각했던 것입니다.

카지모도에게는 노트르담 성당이 세상의 전부였습니다. 그에게 노트르담 성당은 고향이고 어머니였으며, 성당 안에 울려 퍼지는 종소리가 그의 마음을 가장 평화롭게 했습니다. 오죽했으면 자기가 울린 종소리를 들을 적마다 가슴이 두근거릴 정도였습니다.

그와 달리 카지모도에게 노트르담 성당 밖은 두려움이 가득한 곳이었습니다. 자신을 외면하는 사람들에 대한 카지모도의 미움은 세월이 흐를수록 점점 더 깊어 갔습니다.

카지모도가 증오의 눈길로 바라보지 않는 사람은 클로드 프롤로뿐이었습니다. 부주교는 버림받은 자신을 기꺼이 키워 준 유일한 사람이었으니까요. 게다가 부주교는 귀머거리 카지모도와 둘만의 수화로 대화를 나눌 수 있는 단 한 사람이기도 했습니다. 카지모도는 부주교를 진심으로 존경했습니다.

1482년, 카지모도는 스무 살이 됐습니다. 클로드 프롤로

부주교는 서른여섯 살이 되었고요. 한 사람은 어느덧 청년으로 성장했고, 또 한 사람은 누구 앞에서나 엄숙함을 잃지 않는 부주교로서 책임을 다했습니다. *빅토르 위고 지음(부분 발췌)

[알쏭달쏭 복습하기]
'~돼다'일까, '~되다'일까?
- 우리는 머지않아 중학교에 입학하게 (1.   2.될) 거예요.
- 어느새 나는 너를 좋아하게 (1.돼었어 2.되었어).
- 더 이상 비가 오게 (1.돼면 2.되면) 홍수가 날지 몰라.
- 이렇게 우리나라를 떠나게 (1.돼 2.되) 안타까운 마음입니다.
- 의사가 되고 싶은 사람은 의대에 진학해야 (1.돼요 2.되요).
*정답 : 2, 2, 2, 1, 1

[재미난 이야기 한 걸음 더]
'노트르담의 꼽추' 또는 '노트르담 드 파리'
『노트르담의 꼽추』는 프랑스 작가 빅토르 위고의 작품입니다. 위고의 등장은 유럽 문학에 큰 변화를 일으켰습니다. 그는 당시 유행하던 고전주의를 비판하며 낭만주의 문학이 뿌리내리는 데 앞장섰습니다.

낭만주의 문학은 질서와 논리를 뛰어넘어 인간의 감정을 자유롭게 표현하는 것을 말합니다. 『노트르담의 꼽추』 역시 그와 같은 낭만주의 문학의 특성이 잘 나타난 작품으로 평가받고 있습니다.

그런데 1831년 위고가 발표한 『노트르담의 꼽추』의 원래 제목은 '노트르담 드 파리'였습니다. 그 후 이 작품이 미국에 소개되면서 지금의 제목으로 바뀌었지요. 우리나라에서도 '노트르담의 꼽추'로 번역되었고요.

지난 1996년 미국에서는 '노트르담의 꼽추'라는 제목으로 애니메이션 영화가 만들어져 어린이들의 환영을 받았습니다. 한편 1998년 프랑스에서는 '노트르담 드 파리'라는 원래 제목으로 뮤지컬이 제작되기도 했지요.

'~장이'와 '~쟁이'

'~장이'는 어떤 분야에 남다른 기술을 가진 사람에게 붙이는 말입니다. 그와 달리 '~쟁이'는 일부 명사 뒤에 붙어 그러한 특징이나 성질을 많이 가진 사람을 의미합니다.

★☆ 난쟁이와 구두장이 할아버지

구두장이 할아버지가 이른 아침부터 구두를 만들었습니다. 돋보기 안경 너머 할아버지의 얼굴에 미소가 가득했습니다.

"룰루랄라, 가죽을 잘라 질긴 실로 꿰매고 접착제로 붙여 못을 박자~."

콧노래를 흥얼거리며 일하는 할아버지 곁에서 할머니가 청소를 했습니다. 할아버지와 할머니는 마음씨가 무척 고운 사람들이었습니다.

하지만 구두장이 할아버지는 지독하게 가난했습니다. 불쌍한 사람들의 낡고 해진 구두를 돈도 받지 않고 고쳐 주었기 때문입니다.

"아이고, 어떡해? 이제 구두 한 켤레를 만들 가죽밖에 남지 않았네…."

그래도 할머니는 할아버지를 원망하지 않았습니다. 비록 가난한 살림살이지만, 할아버지와 할머니는 누구 못지않게 행복했습니다.

그 날도 하루 종일 바쁘게 움직이다 보니, 어느새 뉘엿뉘엿 해가 졌습니다.

"이른 아침부터 구두를 만들었더니 피곤한걸."

할아버지는 기지개를 켜며 하품을 했습니다. 그러자 곁에 있던 할머니가 다정히 어깨를 주물러 주었습니다.

"영감, 제발 쉬엄쉬엄 일해요. 구두를 만들 가죽도 조금밖에 남지 않았잖아요."

할머니의 걱정에 할아버지는 고개를 끄덕였습니다.

"당신 말이 옳소. 나도 이제 늙었나 보오."

할아버지는 온몸이 뻑적지근하고 눈도 침침해 오랜만에 일찌감치 잠자리에 들었습니다.

이튿날 아침이 밝았습니다. 할아버지는 여느 날처럼 구두를 만들려고 작업실로 들어서다가 두 눈이 휘둥그레졌습니다.

"아니, 어떻게 이런 일이! 누가 이렇게 멋진 구두를 만들어 놓았을까?"

할아버지는 어리둥절한 표정으로 고개를 갸웃거렸습니다. 할아버지를 따라 작업실로 들어서던 할머니도 깜짝 놀라며 소리쳤습니다.

"어머나! 이렇게 예쁜 구두는 처음 봐요."

그 때 한 남자가 노크를 하며 작업실 문을 열었습니다. 그는 할아버지를 보자마자 큰 소리로 말했습니다.

"영감님, 구두를 사려고 왔어요."

순간 남자는 할아버지가 들고 있는 구두를 보았습니다.

"와, 정말 멋진 구두로군! 할아버지, 그 구두를 사고 싶어요."

남자는 할아버지가 미처 대답할 새도 없이 낚아채듯 구두를 가져갔습니다. 그리고 은화 한 닢을 그 값으로 치렀습니다.

할아버지는 남자가 밖으로 사라질 때까지 멍한 표정을 짓고 있었습니다. 밤새 누가 구두를 만들었고, 그렇게 구두를 팔아도 되는지 헷갈릴 따름이었습니다. 다만 할아버지는 은화가 생겨 가죽을 살 수 있게 된 것이 기뻤습니다.

"이제 구두 두 켤레쯤은 만들 가죽을 살 수 있겠어."

할아버지는 그 길로 가죽을 사와 일을 시작했습니다. 할아버지의 얼굴에는 여느 날처럼 미소가 가득했습니다.

"룰루랄라, 가죽을 잘라 질긴 실로 꿰매고 접착제로 붙여 못을 박자~."

그렇게 열심히 일하다 보니, 그 날도 어느덧 뉘엿뉘엿 해가

졌습니다. 그제야 할아버지는 일손을 멈추었습니다.

이튿날 아침, 할아버지는 화들짝 놀란 할머니의 목소리에 잠이 깼습니다.

"영감, 누가 또 당신이 만들다 놓아둔 구두를 멋지게 완성시켰어요."

할아버지는 얼른 작업실로 달려가 보았습니다. 이번에는 두 켤레의 구두가 가지런히 놓여 있었습니다.

"도대체 누구지? 도무지 알 수가 없네."

할아버지와 할머니는 아무리 생각해도 어떻게 된 영문인지 짐작조차 되지 않았습니다.

할머니가 두 켤레의 구두를 작업실 창가에 가져다 두자, 길을 가던 마을사람들이 금세 그것을 사겠다고 나섰습니다. 그들은 구두가 아주 마음에 들었는지 값을 깎자는 말조차 하지 않았습니다.

그 날 밤, 할아버지와 할머니는 잠자리에 들지 않고 작업실을 엿보았습니다. 얼마나 밤이 깊었을까요? 창문이 살짝 열리더니, 아주 작은 꼬마들이 작업실 안으로 들어왔습니다. 그들은 낮은 목소리로 신나게 수다를 떨었습니다.

"우리는 솜씨 좋은 난쟁이 구두장이!"

"달 밝은 밤, 마음씨 착한 할아버지와 할머니를 위해 구두를 만들자!"

"우리가 만드는 구두는 세상에 가장 아름다울 거야!"

꼬마들은 모두 일곱 명이었습니다. 그들은 종달새처럼 신나게 노래부르며 눈 깜짝할 새 멋진 구두를 만들었습니다. 문틈으로 그 광경을 지켜보던 할아버지의 눈에 눈물이 그렁거렸습니다.

"아, 우리 늙은이들을 위해 구두를 만들다니…. 어디에서 온 아이들일까?"

그러자 곁에 있던 할머니가 속삭이듯 말했습니다.

"아이들이 옷도 변변히 입지 않고 신발도 신지 않았네요. 밤바람이 꽤 쌀쌀한데 감기 걸릴까 봐 걱정이에요."

"당신 말이 맞소. 우리가 고마운 아이들의 옷과 구두를 만들어 줍시다."

그 날 날이 밝자마자, 할아버지와 할머니는 꼬마들을 위해 앙증맞은 옷과 구두를 만들었습니다. 노부부는 일곱 벌의 옷과 구두를 바라보며 무척 흐뭇해했습니다.

다시 밤이 되자, 어김없이 꼬마들이 찾아왔습니다. 그런데 꼬마들은 구두를 만들려다가 깜짝 놀랐습니다.

"여기 좀 봐. 우리 몸에 딱 맞는 옷과 구두들이 있어!"

꼬마들은 앞다투어 자기 마음에 드는 옷과 구두를 골랐습니다. 그리고 모두 만족스러워하며 덩실덩실 춤을 추었습니다.

"할아버지께서 우리가 구두를 만드는 걸 아셨나 봐."

"그래, 이 옷과 구두는 마음씨 착한 할아버지와 할머니께서 우리에게 주시는 선물이야."

꼬마들은 할아버지와 할머니의 마음씀씀이에 감동했습니다. 그래서 어떻게 보답할까 잠시 머리를 맞대고 의논했습니다.

"얘들아, 좋은 생각이 났어! 우리도 할아버지와 할머니께 세상에서 가장 포근한 구두를 만들어 드리자."

한 꼬마의 말에 다른 꼬마들이 박수를 쳤습니다. 난쟁이 구두장이들은 여느 때보다 더욱 열심히 구두를 만들었습니다.

새벽녘, 드디어 할아버지와 할머니의 구두가 완성되었습니다. 꼬마들은 두 켤레의 구두를 작업실 한쪽에 놓아두고 하늘 높이 날아올랐습니다. 꼬마들은 다름 아닌 하늘에서 내려온 요정들이었던 것입니다.

때마침 잠에서 깨어난 할아버지와 할머니가 작업실에 들어와 두 켤레의 구두를 보았습니다. 노부부는 얼른 창가로 다가가 떠나가는 꼬마 요정들에게 손을 흔들어 주었습니다.

"고마워, 얘들아! 잘 가렴."

꼬마 요정들도 할아버지와 할머니를 보며 밝게 인사했습니다. 모두모두 한없이 행복한 얼굴이었습니다. *그림 형제 지음

'~장이'일까, '~쟁이'일까?

– 누가 (1.겁장이 2.겁쟁이) 아니랄까 봐 부들부들 떨고 있어?

– 우리 오빠는 동네에서 (1.멋장이 2. 멋쟁이)로 소문났어요.

– 내가 살다 살다 저런 (1.고집장이 2.고집쟁이)는 처음 본다니까.

– 저 항아리를 만든 사람은 정말 뛰어난 솜씨를 가진 (1.옹기장이 2.옹기쟁이)일 거야.

– 건축 현장에서 시멘트 바르는 일을 하는 사람을 (1.미장이 2.미쟁이)라고 합니다.

*정답 : 2, 2, 2, 1, 1

[재미난 이야기 한 걸음 더]

그림 형제는 화가가 아니야

그림 형제는 1800년대 독일의 유명한 학자들입니다. 형은 야코프 그림, 동생은 빌헬름 그림이지요. 그러니까 그림 형제의 '그림'은 화가들과 아무 상관없는 그들의 이름이랍니다.

두 사람은 원래 언어학 분야의 연구에 뛰어난 업적을 남겼습니다. 그들이 만든 『독일어 사전』과 『독일어 문법』은 독일어

발전에 많은 영향을 끼쳤지요.

　그런데 그림 형제를 더욱 유명하게 만든 것은 『그림 동화』였습니다. 이 책은 1812년부터 1875년에 걸쳐 완성되었는데, 독일의 옛이야기와 전설을 예술적으로 정리했다는 점에서 중요한 의미가 있지요. 오늘날 『그림 동화』는 독일을 넘어 전 세계 어린이들의 사랑을 받는 명작으로 자리잡았답니다.

'비추다'와 '비치다'

'비추다'는 빛을 내는 어떤 것이 다른 대상에 빛을 보내 밝게 하는 것, 빛을 받게 하거나 빛이 통하게 하는 것, 빛을 반사하는 물체에 어떤 대상의 모습이 나타나게 하는 것, 어떤 것과 관련해서 견주어 보는 것 등을 말합니다. '비치다'는 빛이 나서 환하게 되는 것, 빛을 받아 모양이 나타나 보이는 것, 그림자가 나타나 보이는 것, 어떤 생각이나 마음이 밖으로 드러나 보이는 것, 투명하거나 얇은 막 따위의 밖으로 무엇이 드러나 보이는 것 등을 의미합니다.

★☆ 효자 우물

옛날 옛적 한 마을에 정남이라는 소년이 살았습니다. 그 아이의 가족이라고는 하루하루 품을 팔아 먹고사는 가난한 아버지뿐이었습니다.

그런데 어느 해 겨울에 아버지가 갑자기 몸져눕게 되었습니다. 아버지는 나날이 야위어 가는 자신의 얼굴을 거울에 비추어 보며 빠르게 삶의 의욕을 잃어 갔습니다.

그 날부터 어린 정남은 먹을 것을 구하러 동냥을 다니며 아버지를 정성껏 보살폈습니다. 마을 사람들은 정남의 착한 마음씨에 감동해 기꺼이 먹을거리를 내주었습니다.

그러던 어느 날, 마을을 지나가던 용한 의원이 우연히 정남의 아버지를 보게 되었습니다. 그 의원은 아버지가 잉어를 고아 먹어야 기운을 되찾을 수 있다고 말했지요.

하지만 정남에게는 잉어를 살 만한 돈이 없었습니다. 게다가 매섭게 추운 겨울이라 강물도 다 얼어붙었고요. 그럼에도 정남은 잉어를 구하기 위해 무작정 집을 나섰습니다.

몇 날 며칠 이 마을 저 마을 얼마나 찾아다녔을까요?

오랜만에 제법 따사롭고 환한 햇빛이 비치는 날이었습니다. 몹시 지친 정남은 낯선 우물가에 털썩 주저앉았지요. 정남의 입에서는 자기도 모르게 기도 소리가 새어나왔습니다.

"천지신명이시여, 부디 제게 잉어 한 마리만 내려주세요. 아버지의 병을 꼭 낫게 해드리고 싶어요."

몇 번이나 기도를 되풀이한 정남은 그 자리에서 스르르 잠이 들었습니다. 그리고 얼마쯤 시간이 지나 우물 안에서 이상한 소리가 들려 잠이 깼습니다. 정남은 고개를 갸웃거리며 우물 안을 들여다보다가 깜짝 놀랐지요.

"아니, 저건 잉어잖아! 분명 우물 안에 잉어가 있어!"

우물에서 잉어를 건지는 일은 생각만큼 어렵지 않았습니다. 한달음에 집으로 돌아온 정남은 잉어를 푹 고아 전부 아버지에게 드렸습니다. 과연 의원의 말대로 아버지는 곧 건강을 되찾았습니다. 그 소문은 금세 마을 전체에 퍼졌지요.

"하늘도 그 아이의 효심에 감동했나 봐."

"그럼, 그렇지 않고서야 우물 안에 잉어가 들어 있을 리 있나."

그 때부터 사람들은 남한산성 북문 안쪽에 있는 그 우물을 '효자 우물'이라고 불렀습니다. 그런데 그 날 이후 효자 우물에는 잉어의 그림자도 비치지 않았다고 합니다.

*한국 옛이야기

[알쏭달쏭 복습하기]

'비추다'일까, '비치다'일까?

– 지하실 안이 캄캄하니까 손전등을 (1.비추어라 2.비치어라).

– 내가 알고 있는 지식에 (1.비추어 2.비치어) 보면, 그 문제는 정답이 없어.

– 가만 보면 커튼 뒤에 숨어 있는 사람들의 모습이 (1.비출 2.비칠) 거야.

– 강물에 (1.비춘 2.비친) 소나무가 마치 살아 움직이는 듯 일렁거립니다.

– 텔레비전 화면에 (1.비춘 2.비친) 네 얼굴이 참 예쁘더구나.

*정답 ; 1, 1, 2, 2, 2

[재미난 이야기 한 걸음 더]

남한산성

남한산성은 북한산성과 더불어 오랜 세월 우리의 도읍을 지켜온 산성입니다. 남한산성의 역사는 멀리 백제 온조왕 때로 거슬러 올라갑니다. 또 신라 문무왕 때는 성곽을 다시 쌓았는데 둘레가 4,360보에 달했다고 합니다.

그 후 남한산성에 관한 이야기가 본격적으로 기록에 등장하는 것은 조선시대에 접어든 뒤였습니다. 1624년, 제16대 임금 인조 때 옛터를 보완하여 남한산성을 더욱 웅장하게 쌓았지요.

그럼에도 남한산성은 병자호란 때 뼈아픈 역사의 현장이 되고 말았습니다. 청나라 20만 대군 앞에 인조가 무릎을 꿇고 항복을 선언했던 것입니다. 엄청난 노력을 들여 쌓은 성이 제 역할을 다하지 못한 셈이었답니다.

하지만 남한산성은 그 뒤에도 계속 시설이 확장되어 성곽 둘레가 8킬로미터에 이르렀습니다. 임금과 왕비들이 거처할 행궁을 늘리고, 종묘를 모실 공간도 마련했지요. 아울러 군사 시설과 관아, 사찰 등도 더욱 다양하게 설치했습니다.

'작다'와 '적다'

'작다'는 크기가 작다는 뜻으로 '크다'의 반대말입니다. '적다'는 '많다'의 반대말이고요. 즉 '적다'는 양 또는 수가 조금밖에 없거나 경험 또는 확률 등이 별로 없는 경우에 쓰입니다.

호두까기인형

동생 프리츠는 호두까기인형이 마음에 들지 않았습니다. 볼품없는 크리스마스 선물에 몹시 실망한 프리츠는 자꾸만 투덜거렸습니다.

"나는 이렇게 작고 못생긴 인형이 싫어!"

프리츠는 심술이 나서 낯빛이 붉으락푸르락해졌습니다. 호두까기인형을 마구 흔들더니 힘껏 비틀기까지 했지요. 그 바람에 호두까기인형은 턱이 망가지고 말았습니다.

그것을 지켜본 마리는 마음이 무척 아팠습니다. 아무리 이해하려고 해도 더 이상 동생이 하는 짓을 그냥 두고 볼 수 없었습니다.

"프리츠, 그만둬! 너는 호두까기인형이 불쌍하지도 않니?"

프리츠는 누나의 큰 소리에 순간 멈칫했습니다. 마리는 동

생에게서 호두까기인형을 건네받아 망가진 턱을 손수건으로
단단히 매 주었습니다.

"호두까기인형아, 붕대가 없어 손수건으로 대신했어. 괜찮
지? 아프더라도 조금만 참아."

마리는 마치 사람에게 하는 것처럼 호두까기인형을 따뜻하
게 보살펴 주었습니다. 망가진 턱을 살며시 매만지며 입김도
호호 불어 주었습니다.

그 날 밤, 마리는 식구들이 모두 잠자리에 든 뒤에도 호두
까기인형 곁에 머물렀습니다. 아픈 호두까기인형을 혼자 두
고 자기만 침대에서 편안히 잘 수는 없다고 생각했기 때문입
니다.

댕, 댕, 댕! 어느덧 벽시계가 열두 시를 알렸습니다.

바로 그 때, 눈으로 보고도 차마 믿기 어려운 놀라운 일이
벌어졌습니다. 험상궂게 생긴 생쥐 나라 대장이 병사들을 이
끌고 나타났던 것입니다. 생쥐들은 단박에 마리에게 달려들
것처럼 작고 날카로운 이빨을 번득이며 외쳤습니다.

"우리는 늦은 시각까지 잠들지 않고 노는 아이들을 혼내 주
는 싸움꾼 쥐들이다!"

마리는 갑작스런 상황에 화들짝 놀라 말문이 막혔습니다.

그런데 그 때 장난감 병정들과 다른 인형들이 모두 살아 움
직이기 시작했습니다. 맨 앞에서 그들을 지휘하는 것은 호두

까기인형이었습니다.

"돌격, 앞으로! 우리 모두 힘을 합쳐 생쥐 나라 병사들을 무찌르자!"

호두까기인형은 한 치의 두려움도 없이 큰 소리로 외쳤습니다.

하지만 장난감 병정들과 인형들이 싸움에 이길 가능성은 아주 적었습니다. 그들은 늘 착한 아이들과 어울려 지내는데다, 싸움에 전혀 소질이 없었기 때문입니다.

게다가 병사의 수도 생쥐 쪽보다 눈에 띄게 적었습니다. 마침내 장난감 병정들과 인형들은 생쥐 나라 병사들의 날카로운 이빨에 물려 하나둘 바닥에 나동그라졌습니다.

마리를 보호하기 위해 가장 앞장서 싸웠던 호두까기인형도 점점 온몸의 힘이 쭉 빠졌습니다. 도저히 생쥐 나라 병사들을 당해 낼 수가 없었습니다.

그러자 생쥐 나라 대장이 의기양양하게 소리쳤습니다.

"너희들은 우리의 적수가 되지 못해! 다시는 까불지 못하게 혼쭐을 내주마!"

생쥐 나라 대장과 병사들은 있는 힘을 다해 최후의 일격을 가할 태세였습니다. 그런데 그 순간, 마리가 호두까기인형을 구하려고 재빨리 슬리퍼를 벗어 생쥐 나라 대장에게 힘껏 내던졌습니다.

"저리 가, 못된 생쥐야! 불쌍한 호두까기인형을 가만두지 못하겠어?"

마리는 더 이상 참지 못하겠다는 듯 두 주먹을 불끈 쥐었습니다.

그 모습을 보고 슬리퍼를 맞아 머리에 커다란 혹이 난 생쥐 나라 대장은 낯빛이 새파랗게 질렸습니다. 결국 생쥐 나라 대장은 병사들을 데리고 허둥지둥 도망칠 수밖에 없었습니다. 그러자 호두까기인형이 환호성을 질렀습니다.

"야호, 우리가 이겼다!"

그 소리에 깜짝 놀란 마리는 갑자기 거실 천장이 뱅글뱅글 도는 듯한 기분을 느꼈습니다. 정신이 아득해지면서 눈앞에 번쩍 아주 밝은 빛이 비추는 것 같기도 했습니다.

잠시 뒤 마리가 눈을 떠 보니, 엄마가 침대 머리맡에서 걱정스런 눈빛으로 바라보고 있었습니다. 아무리 생각해 봐도 언제 어떻게 방으로 들어왔는지 짐작조차 할 수 없었습니다.

*호프먼 지음(부분 발췌)

[알쏭달쏭 복습하기]

'작다'일까, '적다'일까?

- 나폴레옹은 키가 (1.작았지만 2.적었지만), 누구보다 슬기롭고 용감했습니다.

- 재산이 (1.작다고 2.적다고) 불행하게 살라는 법은 없어.
- 네 몫이 (1.작다고 2.적다고) 불평하면 안 돼.
- 경험이 많든 (1.작든 2.적든) 열심히 노력하지 않으면 성공할 수 없단다.
- 우리 집 마당에는 (1.작은 2.적은) 연못이 있어 물고기를 키울 수 있답니다.

*정답 ; 1, 2, 2, 2, 1

[재미난 이야기 한 걸음 더]

발레 '호두까기인형'

『호두까기인형』은 독일 작가 호프만이 1819년에 발표한 동화입니다. 그런데『호두까기인형』은 단순히 문학 작품이 아니라, 발레로도 공연되어 수많은 사람들의 사랑을 받고 있지요. 흔히 '잠자는 숲 속의 미녀'와 '백조의 호수', 그리고 '호두까기인형'을 일컬어 고전 발레의 3대 걸작이라고 한답니다.

발레 '호두까기인형'의 음악은 러시아 작곡가 차이코프스키가 작곡했습니다. 1891~1892년에 만들어진 이 곡은 2막 3장으로 구성되어 있지요. 발레 '호두까기인형'은 1948년 우리나라에서도 처음 공연되었습니다.

'가르치다'와 '가리키다'

'가르치다'는 지식이나 경험 등을 전달하는 경우에 쓰입니다. 그와 달리 '가리키다'는 어떤 목표물이나 방향 등을 알려 주는 경우에 쓰이지요. 흔히 '가르키다'라고 쓰기도 하는데, 이것은 어느 경우에도 적절치 않습니다. 맞춤법이 틀린 것입니다.

★☆ 재주 많은 다섯 친구

아주 먼 옛말, 깊은 산골 외딴 집에 할아버지와 할머니가 살고 있었습니다. 노부부는 자식이 없어 몹시 외로웠지요. 두 노인은 매일 밤 정화수를 떠 놓고 자식을 내려달라며 간절히 빌고 또 빌었습니다.

그러던 어느 날, 길을 가던 스님이 그 모습을 보고 비법을 가르쳐 주었습니다.

"자식을 얻기 바란다면 두 분의 오줌을 항아리에 담아 땅속에 묻어 두세요. 열 달을 채우면 소원을 이루실 겁니다."

할아버지와 할머니는 당장 스님의 말을 따랐습니다. 그렇게 열 달이 지나자 신기하게도 항아리 안에서 아기가 태어났지요.

"응애 ! 응애!"

잘생긴 사내아이였습니다. 할아버지는 아이를 '단지손이'라고 불렀습니다.

아이는 무럭무럭 자라 힘이 아주 센 장사가 되었습니다. 농사일도 어른 몇 사람 몫을 너끈히 해낼 정도였지요.

할아버지와 할머니는 단지손이가 무척 사랑스러웠습니다. 그저 단지손이를 바라보기만 해도 얼굴에서 웃음이 떠나지 않았지요.

그러나 단지손이가 언제까지나 할아버지, 할머니 곁에 머물 수는 없었습니다. 단지손이는 점점 세상이 어떤 곳인지 궁금해졌습니다.

"저도 만날 농사일만 할 수는 없어요. 이제 집을 떠나 세상 구경을 하고 싶어요."

할아버지와 할머니는 단지손이와 헤어지는 것이 못내 서운했지만 기꺼이 허락해 주었습니다. 그래야만 단지손이가 훌륭한 사람이 될 것이라고 생각했기 때문입니다.

이튿날 아침 일찍 단지손이는 길을 나섰습니다.

한참 산길을 가는데, 어디선가 드르렁 드르렁 코고는 소리가 들려왔습니다. 그 소리는 큰 나무가 휘청거릴 만큼 우렁찼습니다. 단지손이가 마침 잠에서 깨어난 아이에게 다가가 물었습니다.

"너는 누구냐?"

"나로 말할 것 같으면 이 세상에서 콧김이 가장 센 '콧김손이'지."

그렇게 두 아이는 금세 친구가 되어 함께 길을 떠났습니다.

두 아이가 성큼성큼 길을 가고 있을 때였습니다. 까마득한 절벽 위에서 갑자기 물벼락이 쏟아졌습니다.

"이게 무슨 일이야? 폭포가 있나?"

두 아이가 절벽을 올려다보니, 한 아이가 오줌을 누고 있었습니다.

"이봐, 너는 누구니?"

"나는 '오줌손이'라고 해. 이 세상에서 오줌을 제일 많이 누지.

"그것 참 재미있구나. 우리 함께 친구가 되지 않을래?"

그렇게 친구가 된 세 아이는 싱글벙글 웃으며 다시 길을 떠났습니다.

얼마 후, 세 아이는 산마루를 넘어가고 있었습니다. 그 때 어깨에 배를 멘 아이가 나타났지요. 그 아이가 먼저 말을 걸어 왔습니다.

"나는 '배손이'야. 너희들은 누구니?"

"우리는 단지손이와 콧김손이, 그리고 오줌손이라고 해. 함께 세상 구경을 가는 길이야."

"그게 정말이니? 나도 너희들과 함께 가고 싶은데….”

"그럼 우리를 따라와.”

네 아이는 그렇게 만나자마자 금방 친한 친구가 되었습니다.

한참 길을 가던 네 아이는 잠시 쉬려고 산등성이에 기대어 앉았습니다. 그 순간 어디선가 쿵쿵 땅을 울리며 다가오는 커다란 발걸음 소리가 들렸습니다. 그리고 곧 무쇠신을 신은 아이가 모습을 드러냈습니다. 단지손이가 무쇠신을 가리키며 물었습니다.

"와, 정말 대단한걸. 너는 누구니?”

"나는 '무쇠손이'라고 해. 여기저기 세상을 떠도는 중이지.

그러자 이미 친구가 된 네 아이들이 함께 길을 가자고 했습니다. 무쇠손이는 기꺼이 그 말을 따랐습니다. 그렇게 저마다 놀라운 재주를 가진 다섯 아이들이 친구가 되었습니다.

다섯 아이들은 길을 걸으며 이런저런 장난을 쳐댔습니다. 누가 보더라도 그들은 세상에서 가장 친한 친구 사이 같았습니다.

어느덧 뉘엿뉘엿 해가 저물었습니다. 다섯 아이들은 멀리 보이는 작은 불빛을 따라 걸음을 재촉했습니다. 그들이 다다른 곳은 사람이 살지 않은 지 오래된 낡은 집이었습니다.

깊은 밤이 되어 다섯 아이가 막 잠에 빠져들 무렵, 호랑이

떼가 들이닥쳤습니다. 그 중 우두머리로 보이는 호랑이가 앞발로 아이들을 가리키며 외쳤습니다.

"어흥, 어서 일어나라! 여기가 어디라고 함부로 들어와 잠을 자느냐? 모두 잡아먹겠다!"

그런데 다섯 아이들은 호랑이를 보고도 전혀 놀라지 않았습니다.

"호랑이 주제에 사람에게 까불다니 단단히 버릇을 가르쳐 줘야겠군. 우리를 잡아먹으려면 뭐든 시합을 해서 이겨 봐."

그 말에 우두머리 호랑이는 가소롭다는 표정을 지으며 나무 쓰러뜨리기 시합을 하자고 했습니다. 호랑이들은 모두 달려들어 한참 만에 가까스로 나무 한 그루를 쓰러뜨렸습니다. 호랑이들이 지쳐 헐떡거릴 때 단지손이가 앞으로 나섰습니다.

"겨우 그 정도 솜씨로 우리를 이기겠어?"

그러면서 단지손이는 맨손으로 한 방에 나무를 쓰러뜨렸습니다. 그 다음에 콧김손이가 콧김을 불어 한 그루, 무쇠손이가 발길질을 해서 한 그루를 넘어뜨렸습니다. 이곳저곳에서 픽픽 나무들이 잇따라 쓰러졌습니다.

"아니, 이럴 수가!"

호랑이들은 아이들의 솜씨에 깜짝 놀랐습니다. 하지만 호랑이들도 쉽게 포기하지는 않았습니다.

"좋아, 나무 쓰러뜨리기는 너희들이 이겼다. 이번에는 우리가 둑을 무너뜨릴 테니 한번 막아 보아라. 본때를 보여 주마!"

호랑이들은 서둘러 계곡에 둑을 쌓았습니다. 그리고는 한꺼번에 그 둑을 무너뜨렸지요. 이내 거센 물살이 계곡 아래로 무섭게 흘러내렸습니다.

그럼에도 아이들은 조금도 당황하지 않았습니다. 단지손이와 배손이가 커다란 바위를 휙휙 집어 던져 물길을 막았습니다.

"어이쿠, 이번 시합도 우리가 졌구나."

그렇지만 호랑이들은 딱 한 번만 더 겨뤄 보자며 매달렸습니다. 아이들은 순순히 다음 시합을 받아들였습니다.

마지막 시합은 나무 쌓기였습니다. 호랑이들이 땀을 뻘뻘 흘리며 재빨리 나무를 쌓았지만, 이번에도 도저히 다섯 아이들을 당해 낼 수는 없었습니다.

그러자 우두머리 호랑이가 잔꾀를 부리기 시작했습니다. 마침 다섯 아이들이 나뭇단 위에 올라서 있는 것을 보고 불을 질렀던 것입니다. 다섯 아이들은 금세 활활 타오르는 불길 속에 갇히고 말았습니다.

하지만 다섯 아이들은 전혀 걱정스런 표정이 아니었습니다. 오줌손이가 앞으로 나서 바지춤을 내리더니 오줌을 누었습니다.

"치사한 호랑이들아, 내 재주를 보아라."

콸콸콸!

폭포처럼 쏟아지는 오줌에 나뭇단에 붙은 불은 순식간에 꺼졌습니다. 그리고도 한동안 오줌손이의 오줌은 멈추지 않았습니다.

어느새 나뭇단 주위에는 드넓은 저수지가 만들어졌습니다. 호랑이들은 오줌에 빠져 죽지 않으려고 허우적거렸습니다.

"제발 우리를 살려 주세요! 아이고, 호랑이 죽네!"

그러나 이미 때는 늦었습니다.

잠시 뒤, 다섯 아이들은 나뭇단에서 내려와 배손이의 배에 올라탔습니다. 배손이는 멀리 저수지 저편을 가리키며 부지런히 노를 저었습니다. 재주 많은 다섯 친구들은 합창을 하듯 기쁘게 소리쳤습니다.

"우리 함께 세상 구경을 가자! 우리 함께 세상 구경을 가자!"

다섯 친구들은 서로 어깨동무를 한 채 하하호호 소리 높여 웃었습니다.

*한국 전래동화

'가르치다'일까, '가리키다'일까?

– 우리 담임선생님은 공부를 참 열심히 (1.가르쳐 2.가리
켜) 주세요.

– 내가 달을 (1.가르치는데 2.가리키는데) 왜 손가락만 쳐
다보느냐?

– 그 아이는 신통하게 하나를 (1.가르치면 2.가리키면) 열
을 알아요.

– 마을사람들이 내게 이 길을 (1.가르치며 2.가리키며) 곧
장 가라고 했습니다.

– 학생들을 (1.가르치는 2.가리키는) 것은 아주 보람된 일
이에요.

*정답 : 1, 2, 1, 2, 1

[재미난 이야기 한 걸음 더

과장법

『재주 많은 다섯 친구』에 등장하는 인물들은 각각의 특징이
과장되게 표현되어 있습니다. 한 방에 나무를 쓰러뜨릴 만큼
힘이 세고, 폭포처럼 오줌을 누며, 나무가 휘청거릴 만큼 콧
김이 세지요.

그와 같은 글쓰기 방법을 일컬어 '과장법'이라고 합니다. 과

장법은 어떤 사물이나 상황을 실제보다 훨씬 더하게, 또는 훨씬 덜하게 표현하는 것입니다.

우리가 자주 쓰는 과장법의 예를 몇 가지 들어보면 다음과 같습니다.

- 동해에 산더미 같은 파도가 밀려왔다.
- 당신과 함께 있는 시간은 천 년도 하루같이 빨리 지나갈 거예요.
- 도대체 뭘 그렇게 많이 먹어서 배가 남산만하니?
- 그 때 얼마나 놀랐던지 간이 콩알만해졌습니다.
- 저 대학교에 들어가는 문은 바늘구멍보다 작답니다.

'웃~'과 '윗(위)~'

'웃~'은 아래와 위로 구분되지 않는 일부 명사(이름씨) 앞에 붙이는 접두사입니다. '윗~'은 아래위의 구분이 분명한 명사 앞에 붙이는 접두사고요. 이경우 뒤에 'ㅉ'이나 'ㅊ' 같은 된소리, 거센소리가 나오면 '윗' 대신 '위'를 붙입니다.

★☆ 화살이 꽂힌 살곶이벌

태조 이성계의 다섯째 아들 태종 이방원은 여러 형제들을 해치고 임금의 자리에 올랐습니다. 태조는 그것이 영 못마땅했지요. 그래서 부자의 인연을 끊기로 작정하고 고향인 함흥으로 떠났습니다.

그러자 태종은 아버지를 모셔오기 위해 사신들을 보냈습니다. 아무리 국왕이라도 웃어른을 잘 모시지 못하면 백성들로부터 비난을 들을 수밖에 없었으니까요.

하지만 태종의 노력은 번번이 수포로 돌아갔습니다. 오히려 태조의 화를 돋우어 죄 없는 사신들만 잇따라 목숨을 잃었지요.

"아, 이 노릇을 어떡하지. 누구를 보내야 아바마마가 내 마음을 알아주실까?"

그 때 태조가 아끼던 신하 박순이 앞으로 나섰습니다.

"전하, 제가 함흥으로 가서 상왕 폐하를 모셔오겠습니다."

"정말 그래 주겠소? 아바마마도 경은 반겨 주실 거요."

그 길로 함흥으로 간 박순은 태조를 만나 깍듯이 예를 갖추었습니다. 태조도 오랜만에 만난 충성스런 신하를 반겼습니다.

그 순간, 어디서 망아지 울음소리가 들려왔습니다. 태조가 고개를 갸웃거리며 물었지요.

"이게 웬 망아지 울음소리인가?"

"상왕 폐하, 제가 타고 온 말의 새끼인데 아마도 어미와 떨어뜨려 놓아 저토록 슬피 우나 봅니다. 하물며 짐승도 저렇거늘 궁궐에 계신 전하께서는 얼마나 상왕 폐하를 그리워하겠습니까?"

박순의 말에 태조는 불같이 화가 치밀어 윗입술과 아랫입술이 따로 씰룩거리며 파르르 떨렸습니다. 결국 박순도 목숨을 잃고 말았지요.

하지만 시간이 흐르자, 태조는 박순의 말이 자꾸만 귓전에 맴돌았습니다. 며칠 뒤 태조는 궁궐에 돌아가기로 마음먹었지요.

아버지가 돌아온다는 소식에 태종은 서둘러 마중을 나갔습니다. 두 사람은 수풀이 우거진 어느 벌판에서 맞닥뜨렸습니다. 그 때 태조가 갑자기 분을 참지 못하고 태종에게 활을 쏘았습니다. 화살은 태종의 머리 위쪽으로 횡 날아 뒤편에 있던 나무에 꽂혔지요. 가까스로 몸을 피한 태종의 등줄기로 식은 땀이 흘러내렸습니다.

그 후 사람들은 그 곳을 화살이 꽂혔던 터라고 해서 '살곶이벌'이라고 불렀습니다. 오늘날 서울의 뚝섬을 일컫는 다른 이름이 바로 살곶이벌이랍니다.   *한국 지명의 유래

[알쏭달쏭 복습하기]
'웃~'일까, '윗(위)~'일까?
- 네가 입은 옷은 (1.웃도리 2.윗도리)와 아랫도리가 전혀 어울리지 않는구나.
- 음식을 잘못 먹었더니 (1.웃배 2.윗배)가 더부룩한걸.
- (1.웃사람 2.윗사람)에게 인사를 잘해야 예의바른 어린 이라는 칭찬을 들을 수 있어요.
- 우리 아파트 (1.웃층 2.윗층 3.위층)은 아주 조용하답니다.
- 할아버지는 빨리 일을 마쳐 줘서 고맙다며 일꾼들에게 (1.웃돈 2.윗돈)을 얹어 주셨다.
*정답 ; 2, 2, 2, 3, 1

[재미난 이야기 한 걸음 더]

'윗옷' 따로 '웃옷' 따로

앞서 [알쏭달쏭 복습하기]에서 예로 든 '윗도리'는 허리의 윗부분, 또는 그 신체 부위에 입는 옷을 말합니다. '아랫도리'라는 대립되는 말이 있으니 '웃'이 아니라 '윗'을 붙이는 것이 옳지요. 윗도리 대신 '윗옷'이라고 표현하기도 하고요.

그러나 '웃옷'이 항상 틀린 것은 아닙니다. 웃옷이 아랫도리와 구분되는 말이 아니라, 맨 겉에 입는 옷을 일컫기도 하거든요.

다시 말해 몸 위쪽에 입는 옷을 윗옷 또는 윗도리, 그 겉에 입는 옷을 웃옷이라고 한답니다. '날씨가 무척 추워졌는데 웃옷도 걸치지 않고 밖에 나가면 어떡하니?' 같은 문장을 예로 들 수 있습니다.

'벌리다'와 '벌이다'

'벌리다'는 틈을 넓히거나 공간을 연다는 뜻입니다. 그와 달리 '벌이다'는 일을 시작하거나 물건 따위를 늘어놓는 것을 말합니다.

★☆ 닐스의 신기한 모험

닐스는 달그락거리는 소리에 깜짝 놀라 눈을 떴습니다.

'아니, 이게 무슨 소리지?'

그 순간 닐스의 눈길이 책상 위에 걸린 거울에 비친 나무 상자에 닿았습니다. 그 상자는 어머니가 할머니에게서 물려받아 평소 소중한 물건들을 넣어 두는 것이었습니다. 그런데 무슨 까닭인지 나무 상자의 뚜껑이 열려 있었습니다.

'저 상자의 뚜껑은 늘 닫혀 있었는데….'

그 때 나무 상자의 가장자리에서 뭔가 작은 것이 움직였습니다. 닐스는 호기심 어린 눈으로 그것을 유심히 바라보았습니다.

'우와, 꼬마 요정이잖아!'

하마터면 닐스는 크게 소리를 지를 뻔했습니다. 간신히 입을 다문 닐스는 살금살금 나무 상자 쪽으로 다가가 꼬마 요정을 자세히 살펴보았습니다.

꼬마 요정은 키가 10센티미터 남짓 돼 보였습니다. 반바지 차림에 검정 코트를 입고, 챙이 넓은 검은 모자를 쓰고 있었습니다. 옷깃과 소맷부리에는 흰 레이스가 달려 있었으며, 나비 모양으로 구두끈을 맨 모습이었습니다. 한마디로, 얼굴은 그다지 귀여워 보이지 않았으나 꽤나 멋쟁이 요정이었습니다.

꼬마 요정은 알록달록한 색실이 수놓아진 손수건을 나무 상자에서 꺼내 신기한 듯 바라보았습니다. 그 광경을 본 닐스는 문득 꼬마 요정에게 장난을 걸고 싶어졌습니다.

'히히, 꼬마 요정을 골탕 먹여야지. 나무 상자 안에 집어넣고 뚜껑을 꽉 닫아야겠어.'

닐스는 곤충 채집을 할 때 쓰던 잠자리채가 생각났습니다. 슬그머니 자리에서 일어나 잠자리채를 가져온 닐스는 날렵하게 꼬마 요정을 덮쳤습니다.

"좋았어!"

그런데 왠지 잠자리채 안이 조용했습니다. 닐스는 꼬마 요정이 재빨리 몸을 피한 것은 아닐까 걱정되었습니다.

닐스는 꼬마 요정이 빠져나오지 못할 만큼 살짝 잠자리채를 들어 틈을 벌린 뒤 안을 살펴보았습니다. 그러자 꼼짝없이 잠자리채에 갇혀 있는 꼬마 요정이 보였습니다.

꼬마 요정은 닐스의 눈을 보며 살려 달라고 소리쳤습니다.

"나한테 왜 이러니? 제발 나를 놓아 줘!"

하지만 닐스는 못 들은 척 외면했습니다. 꼬마 요정은 더욱 다급해진 목소리로 외쳤습니다.

"나를 놓아주면 옛날 돈 한 닢과 은수저 하나, 그리고 네 아버지 은시계보다 큰 금화 한 닢을 줄게!"

그 말에 닐스는 귀가 솔깃했습니다.

"정말 내게 그 귀한 것들을 다 줄 거야"

"그럼, 주고말고! 네가 나를 괴롭히는 일을 벌이지만 않는다면."

그제야 닐스는 잠자리채를 치워 주려고 했습니다. 그런데 잠자리채를 거두다 말고, 닐스에게 기발한 생각이 떠올랐습니다.

'참, 엄마가 설교집을 읽으라고 하셨지. 혹시 이 꼬마 요정이 요술을 부리면 내가 순식간에 설교집을 통째로 외울 수 있지 않을까?'

결국 닐스는 잠자리채를 다시 덮고 말았습니다. 그런데 그 순간, 누군가 닐스의 뺨을 세게 후려쳤습니다. 그 바람에 닐스는 벽에 머리를 찧으며 정신을 잃었습니다.

그 뒤 한참 만에 닐스는 가까스로 깨어났습니다. 꼬마 요정은 이미 어디론가 사라져 보이지 않았습니다. 주위를 둘러보니 나무 상자의 뚜껑은 닫혀 있었고, 잠자리채도 치워졌습니다. 닐스는 고개를 갸우뚱거리며 제 뺨을 꼬집어보았습니다.

'내가 꿈을 꿨나? 분명히 꿈은 아닌데….'

그 때 닐스는 아직 설교집을 다 읽지 못했다는 데 생각이 미쳤습니다. 엄마가 집에 돌아오면 또 꾸중을 들을 것이 뻔했습니다.

닐스는 서둘러 설교집을 읽으려고 책상 앞으로 다가갔습니다. 그런데 이게 웬 일일까요! 놀랍게도 방이 굉장히 넓어 보였습니다. 의자도 너무 높아, 닐스는 가쁜 숨을 몰아쉬며 간신히 올라가 앉았습니다.

'도대체 이게 무슨 일이야? 의자며 책상이며 설교집까지, 왜 이렇게 커졌지?'

닐스는 이해되지 않는다는 표정으로 고개를 절레절레 흔들었습니다. 그리고 고개를 들어 거울을 바라보았습니다.

"어이쿠, 웬 난쟁이야!"

거울 안에는 고깔모자를 쓰고 가죽 바지를 입은 난쟁이가 있었습니다. 닐스는 그것이 누구의 모습일까 어리둥절해하다가 화들짝 놀랐습니다.

"이런! 나랑 똑같이 생겼잖아?"

닐스는 일부러 손을 흔들어 보았습니다. 얼굴을 찡그리기도 하고, 춤을 추듯 빙그르 몸을 한 바퀴 돌리기도 했습니다. 그러자 거울 속 난쟁이도 그 동작들을 똑같이 따라했습니다.

닐스는 덜컥 겁이 났습니다. 허둥지둥 주위를 두리번거렸지만 아무도 보이지 않았습니다.

'이 노릇을 어떡해! 내가 요술에 걸려 난쟁이가 되었나 봐!'

닐스는 몹시 걱정이 되어 안절부절못했습니다. 갑자기 가슴이 두근거리고 얼굴이 빨갛게 달아올랐습니다.

*셀마 라게를뢰프 지음(부분 발췌)

[알쏭달쏭 복습하기]

'벌리다'일까, '벌이다'일까?

- 애들아, 친구와 싸움을 (1. 벌리면 2. 벌이면) 안 된다.

- 자기 혼자 편하겠다고 다리를 쩍 (1. 벌리고 2. 벌이다) 앉으면 안 돼요.

- 감나무 아래에 누워 입만 (1. 벌리고 2. 벌이고) 있는 꼴이군.

- 사업을 (1. 벌리다 2. 벌이다) 보면 그만한 어려움쯤 누구나 겪는 거예요.

- 너는 왜 스스로 해결하지 못할 일을 자꾸 (1. 벌리니 2. 벌이니)?

*정답 ; 2, 1, 1, 2, 2

[재미난 이야기 한 걸음 더]

여성 최초의 노벨문학상 수상

오늘날 노벨상은 세계에서 가장 권위 있는 상으로 인정받고 있습니다. 처음 상을 수여한 1901년 이후, 매년 수상자를 결정할 때마다 전 세계가 큰 관심을 갖지요.

1895년, 다이너마이트를 개발해 부자가 된 노벨은 인류 복지에 공헌한 사람들에게 나누어주라며 스웨덴 왕립과학아카데미에 재산을 기부했습니다. 그의 유언에 따라 스웨덴 왕립과학아카데미는 노벨재단을 설립해 지금까지 노벨상을 수여하고 있지요. 노벨상은 물리학, 화학, 생리 · 의학, 경제학, 평화, 그리고 문학의 6개 분야로 나누어 수상자를 선정한답니다.

그 중 노벨문학상은 지난 2007년까지 100회에 걸쳐 수상자를 배출했습니다. 수많은 유명 문학인들이 이 상을 받는데, 그 가운데는 여성도 11명 포함되어 있지요. 『닐스의 신기한 모험』을 쓴 스웨덴 작가 셀마 라게를뢰프가 첫 번째 여성 수상자였답니다.

'한∨번'과 '한⌒번'

'한 번'이라고 하면 1회의 의미를 갖습니다. '한 번, 두 번, 세 번⋯.'처럼 어떤 일의 횟수를 나타내지요. 그와 달리 '한번'은 일단 시도해 보거나, 어떤 행동 또는 상태를 강조하는 뜻으로 쓰입니다.

★☆ 너도 옳고 너도 옳다

어느 날, 황희 정승 집의 하인들 사이에 다툼이 벌어졌습니다.

"이것 봐, 딱 한 번만 빌려달라고 사정할 때는 언제고 이제 와서 시치미를 떼는 거야? 어서 내 물건을 돌려줘!"

"아니, 내가 무엇을 빌렸다는 거야? 전부터 툭하면 억지를 부리더니, 싸움이라도 한번 해보겠다는 거야?"

두 하인은 한참 말다툼을 벌이다 황희 정승을 찾아갔습니다. 그리고 누가 옳고 그른지 가려달라고 부탁했습니다.

황희 정승은 글을 읽다 말고 고개를 들어 시비가 붙은 두 하인을 바라보았습니다.

"그래, 무슨 일인지 어디 한번 말해 보거라."

그러자 한 하인이 먼저 자신의 입장을 주절주절 이야기했습니다. 황희 정승은 잠자코 그 이야기를 다 들었습니다. 그리고는 슬며시 미소를 띠며 대답했습니다.

"네 말이 옳다."

그 말에 다른 하인이 더욱 큰소리로 억울함을 호소했습니다. 이번에도 황희 정승은 주의 깊게 그 하인의 하소연을 다 들었습니다.

잠시 뒤, 뭔가를 골똘히 생각하던 황희 정승이 진지한 표정으로 말했습니다.

"네 말이 옳다."

그 때, 곁에서 그 광경을 지켜보던 황희 정승의 부인이 고개를 갸웃거렸습니다. 부인은 그런 판결이 도무지 이해되지 않았습니다.

"하인들이 잘잘못을 따져 달라는데, 한 번도 아니고 두 번씩이나 '네 말이 옳다.'라고만 말씀하시다니요. 도대체 그 까닭이 무엇입니까?"

그러자 황희 정승이 지그시 부인을 바라보며 말했습니다.

"과연 부인의 말도 옳소."

그렇듯 황희 정승은 옳고 그름을 섣불리 따지지 않았습니다. 오로지 자기 주장만 최고라며 떠벌리는 법이 결코 없었답니다.

*한국 위인의 일화

'한 번'일까, '한번'일까?

– 네 꿈을 펼치고 싶다면, 열심히 (1.한 번 2.한번) 노력해
봐.

– 인생은 누구에게나 (1.한 번 2.한번)밖에 주어지지 않습
니다.

– 어디 (1.한 번 2.한번) 맛 좀 볼래?

– 그 도전을 (1.한 번 2.한번)만에 성공하는 사람은 거의
없답니다.

– 나는 지금껏 어머니의 얼굴을 (1.한 번 2.한번)도 본 적
이 없습니다.

*정답 : 2, 1, 2, 1, 1

[재미난 이야기 한 걸음 더]

정승과 청백리

'정승'이란, 조선시대 정1품의 으뜸 벼슬자리에 오른 사람
을 일컫던 말입니다. 흔히 영의정, 좌의정, 우의정을 정승 또
는 '삼정승'이라고 불렀지요. 그 중에서도 영의정은 임금을 도
와 나랏일을 보살피는 최고 벼슬아치로서 지금의 국무총리와
비슷한 역할을 했다고 말할 수 있습니다.

한편 황희 정승을 일컬을 때 '청백리'라는 표현을 쓰기도 합

니다. 청백리는 조선시대 최고 행정 기관인 의정부에서 능력이 있으면서도 청렴하고 어진 성품을 지닌 관리에게 내리던 호칭입니다. 황희 정승을 비롯해 맹사성, 이황, 김장생, 이항복 등 모두 219명이 배출되었습니다.

'~로서'와 '~로써'

'~로서'는 지위나 신분을 나타낼 때 쓰입니다. 그와 달리 '~로써'는 재료나 수단, 도구 등을 나타낼 때 쓰입니다.

★☆ 두 얼굴을 가진 혀

어느 날, 주인이 슬기로운 하인을 불러 말했습니다.

"시장에 가 세상에서 가장 귀한 고기를 사 오너라."

하인은 당장 시장으로 달려가서 소의 혀를 사 왔습니다. 주인은 슬기로운 하인의 선택에 아무런 질문도 하지 않았습니다.

다음 날, 주인은 다시 그 하인을 불러 말했습니다.

"이번에는 제일 값싼 고기를 사 오너라."

그러자 하인은 시장으로 달려가 또다시 소의 혀를 사 왔습니다. 이번에는 주인이 도무지 이해할 수 없다는 표정을 지었습니다.

주인은 궁금하기도 하고, 내심 화가 나 따지듯 물었습니다.

"네가 감히 나를 놀리느냐? 내가 주인으로서 명령을 내렸는데, 어째서 가장 귀한 고기를 사 오라고 했을 때와 제일 값싼 고기를 사 오라고 했을 때가 똑같으냐 말이다."

흥분한 주인의 질문에 하인은 침착하게 대답했습니다.

"주인님, 제가 두 번 다 소의 혀를 사 온 것에는 까닭이 있습니다. 혀란 좋으면 그보다 더 귀한 것이 없고, 나쁘면 그보다 더 값싼 것이 없기 때문입니다."

그제야 주인은 하인의 깊은 뜻을 알고 고개를 끄덕였습니다. 주인은 사람이 세 치 혀로써 흥할 수도 있고 망할 수도 있다는 진리를 새삼 깨달았습니다. *『탈무드』 중에서

[알쏭달쏭 복습하기]

‘~로서’일까, ‘~로써’일까?

– 어떤 문제든 (1.총칼로서 2.총칼로써) 해결할 수는 없어요.

– 초등학교 (1.학생으로서 2.학생으로써) 그런 행동을 하면 안 됩니다.

– 그 아이는 나의 (1.친구로서 2.친구로써) 부족함이 없답니다.

– 그렇게 큰 잘못을 저지르고 나서 (1.말로서 2.말로써) 사과하면 그만인가?

– 나는 지금 (1.선생님으로서 2.선생님으로써) 네게 충고

하는 거야.

[재미난 이야기 한 걸음 더]

말조심을 강조하는 속담과 명언들

- 발 없는 말이 천 리 간다.(한국 속담)
- 낮 말은 새가 듣고 밤 말은 쥐가 듣는다.(한국 속담)
- 말이 입힌 상처는 칼이 입힌 상처보다 깊다.(모로코 속담)
- 말은 행동이고, 행동도 말의 일종이다.(에머슨)
- 곰은 쓸개 때문에 죽고 사람은 혀 때문에 죽는다.(한국 속담)
- 사람들에게 말하는 것이 적을수록 기쁨은 더 많아진다.(톨스토이)
- 마음으로부터 우러나온 말이라야 마음을 움직일 수 있다.(이스라엘 속담)

'낫다'와 '낮다'

'낫다'는 비교되는 대상보다 상태가 좋거나 병 따위가 치유되는 것을 말합
니다. '낮다'는 높낮이를 견주어 위치가 아래쪽에 있는 것을 말하고요.

★☆ 물 대신 쌀로 말을 씻긴 장군

임진왜란이 한창이던 어느 날이었습니다. 곳곳에서 왜군을
무찌르던 권율 장군이 후방의 지원이 끊겨 독산산성으로 피
신하게 되었습니다.

권율 장군은 며칠 전부터 몸살이 낫지 않아 이래저래 매우
힘든 형편이었습니다. 하지만 부하들에게는 그런 내색을 전
혀 하지 않았지요. 권율 장군은 늘 낮은 자세로 부하들을 대
하면서도 위엄을 잃는 법이 결코 없었습니다.

독산산성으로 피신한 다음날이었습니다. 한 병사가 절망스
런 얼굴로 권율 장군에게 다가와 말했습니다.

"장군님, 큰일났습니다! 병사들이 갈증을 느끼는데 성에 있
는 샘이 다 말랐습니다. 차라리 항복해 목숨을 구하는 편이
낫겠습니다."

그러나 왜군에게 무릎을 꿇을 권율 장군이 아니었습니다. 권율 장군은 위기를 극복할 방법을 찾기 위해 밤을 꼬박 새우며 고민했습니다.

독산산성이 자리한 산에는 나무가 별로 없어 원래부터 물이 귀했습니다. 게다가 전쟁 중이라 그나마 있는 샘도 관리를 제대로 하지 못했습니다.

그 사실은 왜군 장수도 이미 알고 있었습니다. 그래서 산성을 포위한 채 시간만 끌면 권율 장군이 항복할 것이라고 믿었습니다.

그런데 며칠 후, 왜군 장수는 아침 일찍 독산산성을 살펴보다가 깜짝 놀랐습니다. 물이 다 떨어졌을 것이라고 생각했던 산성의 조선 병사들이 말들을 목욕시키고 있었거든요. 그것도 시원하게 물을 퍼부으면서 말입니다.

"아니, 이게 어떻게 된 노릇이지? 산성 안에 저렇게 물이 남아돈다면 쉽게 항복하지 않겠는걸…."

그 광경을 지켜본 왜군은 당황하기 시작했습니다. 급기야 병사들의 사기가 떨어져 장수는 어쩔 수 없이 후퇴를 명령할 수밖에 없었습니다.

하지만 조선의 병사들은 물로 말을 목욕시킨 것이 아니었습니다. 그것은 놀랍게도 쌀이었습니다. 말 등에 쌀을 쏟아붓는 모습을 산성 아래 낮은 쪽에서 보면 마치 물로 목욕을 시키는 것 같았지요. 그 모두가 슬기로운 권율 장군의 전략이었습니다.

그 때부터 사람들은 가짜로 말을 목욕시킨 독산산성의 그 자리를 '세마대'라고 불렀습니다. 그것은 '말을 씻긴 곳'이라는 뜻이지요. *한국 위인의 일화

[알쏭달쏭 복습하기]
'낫다'일까, '낮다'일까?
- 그 사람이 미국에 오래 살았으니 영어 실력이 더 (1.낫지 2.낮지) 않을까?
- 네 병이 다 (1.낫고 2.낮고) 나면 우리 함께 여행 가자.
- 성직자가 되려면 (1.낫은 2.낮은) 곳에서 봉사할 줄 알아야 합니다.
- 그 투수의 공은 (1.낫게 2.낮게) 깔려 들어와서 홈런을 치기 힘들어요.
- 네가 그 사람보다 조금 (1.낫다고 2.낮다고) 잘난 척하면 안 돼.
*정답 ; 1, 1, 2, 2, 1

[재미난 이야기 한 걸음 더]
행주치마의 유래

오늘날 우리는 임진왜란 중 3대 대첩으로 김시민 장군의 진주대첩, 이순신 장군의 한산도대첩, 그리고 권율 장군의 행주대첩을 손꼽습니다. 그 가운데 행주대첩은 1593년 행주산성에서 2,300여 명의 조선 병사들이 무려 3만여 명에 달하는 왜군을 물리친 전투를 말합니다.

당시 권율 장군이 이끄는 조선의 병사들은 훨씬 많은 수의 왜군에 맞서서도 용기를 잃지 않았습니다. 조총을 쏘아대는 왜군들을 향해 활을 쏘고, 돌을 던지고, 심지어 잿가루까지 뿌려댔지요.

그렇게 병사들은 말할 것 없고 성 안에 있던 부녀자들까지 전투에 참여했습니다. 부녀자들은 쉴 새 없이 앞치마에 돌을 담아 날랐지요. 그러면 남자들은 성벽을 기어오르는 왜군에게 그 돌멩이들을 힘껏 집어던졌습니다.

그렇게 몇 날 며칠 이어지던 전투는 마침내 조선의 승리로 끝났습니다. 사람들은 그 때부터 부녀자들이 두르는 앞치마를 행주산성에서 이름을 따 행주치마라고 부르게 되었답니다.

'부딪치다'와 '부딪히다'

'부딪치다'는 무엇과 무엇이 힘 있게 마주 닿는다는 뜻인 '부딪다'를 강조하여 이르는 말입니다. '부딪히다' 역시 '부딪다'에서 갈려 나온 말인데, 주어(임자말)의 의지와 상관없이 예기치 못한 일을 당하거나 뜻밖의 상황에 맞닥뜨리는 경우에 쓰입니다.

★☆ 모비 딕

갑자기 바닷속에서 하얀 덩어리가 빠른 속도로 보트를 향해 떠올랐습니다. 그것은 놀랍게도 모비 딕이었습니다. 모비 딕은 금세 거대한 몸을 푸른 물속에 반쯤 숨긴 채 입을 딱 벌리고 나타났습니다.

"옳거니, 네 놈을 다시 만나게 될 줄 알았다!"

에이허브 선장은 작살을 단단히 움켜쥐었습니다. 그리고 일단 그 무서운 괴물과 조금 떨어진 곳으로 보트를 피신시키려고 했습니다.

"보트를 저 녀석에게서 떨어뜨려라! 저 놈 꼬리 쪽으로 돌아가란 말이다!"

"네, 선장님!"

에이허브 선장은 수비를 확실히 한 다음 공격을 할 계획이었습니다. 하지만 모비 딕은 에이허브 선장의 생각을 훤히 알고 있다는 듯 빠르게 몸을 젖혀 주름투성이 머리통을 보트 밑에 부딪쳤습니다. 그러자 보트가 돌풍이라도 만난 것처럼 심하게 흔들렸습니다.

선원들은 모비 딕의 거센 공격에 정신을 차리지 못했습니다. 모두 어떻게 할 바를 몰라 우왕좌왕하며 두려움에 벌벌 떨었습니다.

그 순간 모비 딕이 몸을 날려 날카로운 이빨로 보트 앞부분을 덥석 물었습니다. 에이허브 선장은 겨우 20센티미터쯤 떨어진 곳에서 푸른빛이 감도는 모비 딕의 커다란 입이 번득거리는 것을 보았습니다.

모비 딕의 공격은 그것으로 끝이 아니었습니다. 모비 딕은 삼나무로 만든 보트에 이빨을 박은 채 고양이가 생쥐를 갖고 놀 듯 마구 흔들어댔습니다. 그러자 소스라치게 놀란 선원들은 서로 몸을 부딪히며 허둥지둥 고물 구석으로 달아나기 바빴습니다.

그렇게 한동안 모비 딕은 인정사정없이 에이허브 선장의 보트를 괴롭혔습니다. 모비 딕의 몸이 절반 넘게 바닷속에 잠겨 있는 탓에 선원들은 작살을 던지기도 쉽지 않았습니다. 그나마 대부분의 선원들은 바다에 떨어지지 않으려고 보트 바닥에 납작 엎드려 무엇이든 움켜쥐고 있는 형편이었습니다.

그 무렵, 에이허브 선장을 따르던 다른 보트들은 멀찍이 떨어져 가만히 상황을 지켜볼 뿐이었습니다. 마음은 위기에 처한 동료들을 돕고 싶었지만, 차마 모비 딕에게 달려들 용기가 나지 않았던 것입니다.

에이허브 선장은 모비 딕을 노려보며 치를 떨었습니다. 바로 눈앞에 자신의 한 쪽 다리를 앗아간 원수를 두고도 어떻게 해 볼 도리가 없어 미칠 지경이었습니다. 그는 보트에서 모비 딕의 이빨을 빼내려고 안간힘을 써봤지만 모두 헛일이었습니다.

그런데 잠시 뒤 뜻밖의 일이 벌어졌습니다. 무슨 까닭인지 모비 딕의 이빨이 뱃전 난간에서 쑥 빠졌던 것입니다.

그러나 그 상황은 모비 딕의 새로운 공격을 예고하는 것이었습니다. 선원들이 잠깐 안도의 한숨을 내쉬는 순간, 모비 딕이 보트에 몸을 부딪쳐 우지끈우지끈 여기저기서 삼나무 부러지는 소리가 요란하게 들려왔습니다. 그리고 모비 딕의 입이 다시 열렸다 닫히면서 마치 가위질을 당한 듯 보트가 완전히 두 동강 나고 말았습니다.

"으악, 사람 살려!"

바다 위에는 여기저기 처참히 부서진 보트 파편이 떠다녔습니다. 선원들은 저마다 흩어진 널빤지 조각에 매달려 간신히 목숨을 지켰습니다.

에이허브 선장이라고 예외가 아니었습니다. 그 역시 바다로 내동댕이쳐져 파도에 휩쓸려 다녔습니다.

에이허브 선장은 모비 딕이 일으키는 물보라 때문에 몸을 제대로 가누기 어려웠습니다. 그는 어떻게든 위험에 빠진 선원들을 구하고 싶었지만 마음먹은 대로 몸을 움직일 수가 없었습니다. 게다가 자칫 둥둥 떠다니는 보트 파편에 머리를 부딪혀 부상을 당할 위험도 있었습니다.

모비 딕은 그런 혼란을 즐기는 듯 물보라를 일으키며 천천히 바다를 헤엄쳐 다녔습니다. 그 사이 이렇다 할 공격을 하지는 않았지만, 선원들은 주위를 빙빙 맴도는 모비 딕을 바라보면서 극심한 공포를 느꼈습니다.   *허먼 멜빌 지음(부분 발췌)

[알쏭달쏭 복습하기]

'부딪치다'일까, '부딪히다'일까?

- 뭐야, 내가 일부러 네 몸에 (1.부딪치기라도 2.부딪히기라도) 했다는 거야?

- 움막 같은 저 집 천장에 머리를 (1.부딪쳐 2.부딪혀) 혹이 났어요.

- 그는 자꾸 어려움에 (1.부딪치다 2.부딪히다) 보니 자신감이 없어졌습니다.

- 사람이 살다 보면 뜻밖의 상황에 (1.부딪치기도 2.부딪

히기도) 하는 법입니다.

−겁먹지 마. 일단 한번 (1.부딪쳐 2.부딪혀) 보는 거야.

*정답 : 1, 2, 2, 2, 1

[재미난 이야기

한 걸음 더] 고래잡이 금지

1946년, 고래를 자원으로서 관리하기 위해 '국제포경위원회'가 설립되었습니다. 여기서 '포경'이란 '고래잡이'를 뜻하는 한자어지요.

국제포경위원회를 만든 것은 적절한 포획량 결정 등 고래 자원을 잘 관리하려는 데 그 목적이 있었습니다. 그래야만 오랜 세월 뒤에도 아무 문제 없이 계속 고래를 잡을 수 있으니까요. 오늘날 국제포경위원회에는 우리나라를 비롯해 43개국이 회원으로 가입되어 있습니다.

하지만 그런 노력에도 고래는 전 세계 바다에서 빠르게 사라져 갔습니다. 사람들은 식용으로, 과학 연구용으로 무분별하게 고래를 잡았지요.

그러자 국제포경위원회는 1986년부터 상업적 목적의 고래잡이를 완전히 금지했습니다. 물론 우리나라도 그 결정을 따랐고요. 하지만 일본과 노르웨이 등은 지금도 이런저런 이유를 들어 해마다 많은 수의 고래를 포획하고 있답니다.

'어떡해'와 '어떻게'

'어떡해'는 '어떠하게 해'의 준말입니다. 문장의 서술어(풀이말)로 쓰입니다.
그와 달리 '어떻게'는 부사어(어찌말)로 서술어를 꾸밉니다.

★☆ '봉이' 김 선달

옛날 평양 땅에 김 선달이라는 사람이 살았습니다. 그는 과
거에 급제하고도 이렇다 할 벼슬자리를 얻지 못해 선달이라
고 불렸지요.

그런 까닭에 김 선달의 집은 무척 가난했습니다. 굶기를 밥
먹듯 할 정도였지요. 하루는 배고픔을 참다못한 김 선달의 아
내가 울먹이며 이야기했습니다.

"어제부터 집에 쌀이 또 떨어졌답니다. 죽을 끓일 푸성귀조
차 남아 있지 않아요."

그러자 김 선달이 껄껄 웃더니 아무 일 아니라는 듯 말했습
니다.

"걱정 마시오, 부인. 내가 곧 쌀을 구해 오리다."

아내는 김 선달의 말이 차마 믿어지지 않았습니다. 그러나

잠시 뒤 집으로 돌아온 김 선달의 손에는 놀랍게도 쌀자루가 들려 있었습니다. 슬기롭고 인정 많은 김 선달에게 마을 사람들이 조금씩 쌀을 내주었던 것입니다.

그로부터 며칠 뒤, 김 선달은 장터 구경을 나갔습니다. 그런데 어떤 장사꾼이 터무니없는 값에 닭을 팔고 있는 것이 보였습니다. 불의를 보고 그냥 지나치지 못하는 김 선달은 그 장사꾼을 어떻게 혼내줄까 생각했습니다. 그의 머릿속에 금세 한 가지 꾀가 떠올랐습니다.

"이것 보시오, 도대체 이 멋진 새의 이름이 뭐요?"

김 선달이 가리킨 것은 평범한 수탉이었습니다. 닭 장수는 수탉도 모르는 사람이 있나 싶어 잠시 의아했지만, 이내 속임수를 부려 돈을 벌 욕심을 냈습니다.

'옳거니, 잘 됐군. 이 어수룩한 양반을 꼬드겨 돈 좀 벌어야지.'

김 선달의 물음에 닭 장수는 천연덕스럽게 대꾸했습니다.

"이 새는 봉이랍니다. 아주 귀한 것이라 값이 꽤 비싸지요."

"정말 이 새가 봉이란 말이오? 어쩐지 여느 닭들과는 다르다고 생각했소."

김 선달은 시치미를 뚝 떼고 깜짝 놀라는 시늉을 했습니다. 그러자 닭 장수는 더욱 신바람이 나서 계속 지껄여댔습니다.

“선비님이 봉을 사시겠다면 특별히 싸게 드리리다. 까짓것, 다섯 냥만 내시구려.”

흔하디흔한 닭 한 마리에 다섯 냥이라면 얼토당토않게 비싼 것이었습니다. 하지만 김 선달은 두말없이 값을 치렀습니다.

그렇게 봉, 아니 수탉을 산 김 선달은 곧장 사또에게 갔습니다.

“사또, 제가 귀한 선물을 가져왔습니다.”

“그게 무엇이냐?”

김 선달은 아무 망설임 없이 사또 앞에 수탉을 내밀며 봉이라고 말했습니다. 그러자 사또는 자기를 놀린다고 생각해 버럭 화를 냈습니다.

“이게 봉이라고? 네가 감히 나에게 거짓말을 한단 말이냐?”

사또의 호통에 김 선달은 짐짓 놀라는 척했습니다.

“이게 수탉이라고요? 아이고, 난 이제 어떡해!”

김 선달은 그대로 땅바닥에 주저앉아 엉엉 울었습니다. 그러자 그 사연이 궁금해진 사또가 어떻게 된 일인지 물었습니다.

“사또, 제가 방금 전 이 수탉을 봉이라고 우기는 닭 장수의 속임수에 걸려들었답니다. 저는 그런 줄도 모르고 사또께 드리려고 쉰 냥이나 주고 샀는데….”

그 말을 들은 사또는 불같이 화가 치밀었습니다. 그래서 당장 포졸들을 풀어 못된 닭 장수를 잡아오도록 했습니다.

잠시 뒤, 김 선달을 속인 닭 장수가 사또 앞에 끌려왔습니다. 사또는 엄한 목소리로 닭 장수를 꾸짖었습니다.

“이런 나쁜 놈, 수탉을 봉이라고 속여 쉰 냥이나 받다니!”

사또의 말에 닭 장수는 어리둥절했습니다.

“쉰 냥이라고요? 제가 선비님을 속인 것은 맞지만, 다섯 냥에 팔았습니다.”

그 때 곁에 있던 김 선달이 손사래를 치며 나섰습니다.

“사또, 봉을 다섯 냥에 판다면 누가 믿겠습니까? 저는 틀림없이 쉰 냥을 주고 샀습니다.”

사또는 김 선달의 말에 고개를 끄덕였습니다. 그리고 조금 전보다 더욱 근엄한 표정으로 닭 장수를 나무랐습니다.

“네, 이놈! 너는 사람을 속여 큰돈을 가로채고도 반성조차 하지 않는구나. 어서 이 선비에게 쉰 냥을 돌려 주거라!”

“아닙니다, 사또. 전 정말 다섯 냥밖에 받지 않았습니다. 아, 일을 어떡해!”

하지만 그 말은 사또에게 변명처럼 들릴 뿐이었습니다. 그 바람에 닭 장수는 쉰 냥을 물어 주는 것으로 그치지 않고 곤장까지 실컷 얻어맞게 되었습니다.

김 선달이 못된 장사꾼을 곯려 준 일은 금방 마을 전체 소문이 났습니다. 그 후 사람들은 김 선달을 '봉이 김선달'이라고 부르게 되었습니다.   *한국 전래동화

[알쏭달쏭 복습하기]
'어떡해'일까, '어떻게'일까?
- 나 혼자 (1.어떡해 2.어떻게) 살라고 갑자기 떠나는 거야?
- 그 실마리를 (1.어떡해 2.어떻게) 풀지 아무도 몰라요.
- 같은 재료라도 (1.어떡해 2.어떻게) 조리하느냐에 따라 맛이 달라진단다.
- 그런 실수를 하다니, 앞으로 (1.어떡해 2.어떻게) 사태를 수습할 생각입니까?
- 벌써 해가 저물었으니 (1.어떡해 2.어떻게).
*2, 2, 2, 2, 1

[재미난 이야기 한 걸음 더]
대동강을 팔아먹은 봉이 김 선달
봉이 김 선달에 관한 재미난 일화는 또 있습니다. 그 가운데 몇몇 한양 상인들이 평양 사람을 우습게 여기자 그들을 골탕 먹인 이야기가 유명하지요.

봉이 김 선달은 평양에 와서 돈벌 궁리를 하던 한양 상인들이 무례한 것을 알고 한 가지 꾀를 냈습니다. 마을 사람들에게 미리 사정을 설명한 뒤, 대동강에서 물을 길 때마다 자기가 주인인 양 값을 치르도록 했지요.

그러자 며칠 동안 그 광경을 지켜본 한양 상인들은 봉이 김 선달을 설득해 5천 냥을 주고 대동강을 샀습니다. 그러나 대동강에 주인이 따로 있을 수는 없는 법. 마을 사람들은 그 날부터 물 값을 내지 않았고, 그제야 한양 상인들은 봉이 김 선달에게 속은 것을 알게 되었습니다.

그럼 봉이 김 선달은 대동강을 팔고 받은 돈 5천 냥을 어떻게 했을까요?

봉이 김 선달은 결코 그 돈을 욕심내지 않았습니다. 한 푼도 남김없이 가난한 이웃을 위해 써서 많은 사람들의 존경을 받았답니다.

'~률'과 '~율'

'~률'은 'ㄴ' 받침을 제외한 받침이 있는 명사(이름씨) 뒤에 붙습니다. '~율'은 'ㄴ' 받침 또는 'ㅏ, ㅑ, ㅓ, ㅕ' 같은 모음(홀소리)으로 끝나는 명사 뒤에 쓰입니다.

★☆ 돈키호테

로시난테에 올라탄 돈키호테는 다시 길을 떠났습니다. 얼마 뒤, 수갑을 찬 사람들이 줄지어 걸어오는 것이 보였습니다. 그들은 쇠사슬로 온몸이 꽁꽁 묶인 채 교도관들의 감시를 받고 있었습니다.

그 모습을 본 산초 판사가 혼잣말로 중얼거렸습니다.

"군대로 끌려가 배에서 강제 노동을 할 죄인들이군. 노를 젓는 일은 참 힘들 거야. 자칫 잘못하면 흠씬 두들겨 맞을지도 몰라."

그 말에 돈키호테가 두 눈을 부릅떴습니다.

"뭐, 강제로 노를 저으면서 매까지 맞는다고? 그렇다면 내가 저 사람들을 구해 줘야겠군. 어려움에 빠진 사람들을 모른 척하는 것은 기사의 규율에 어긋나는 행동이야."

그러자 산초 판사가 손사래를 치며 돈키호테를 막아섰습니다.

"주인님, 이번에는 제발 나서지 마세요. 저 사람들은 죄를 지었기 때문에 법률에 따라 벌을 받는 거예요. 괜히 강제 노동을 시키는 게 아니라고요."

"그렇다면 어떤 죄를 지었는지 내가 물어 봐야겠군."

돈키호테는 산초 판사를 뿌리치고 성큼성큼 교도관들에게 다가갔습니다. 그리고 다짜고짜 그들이 무슨 죄를 지었는지 물었습니다. 교도관들은 귀찮다는 듯한 표정으로 죄인들에게 직접 물어 보라고 말했습니다.

돈키호테는 기꺼이 죄인들에게 가서 죄명을 물었습니다. 죄인들은 무덤덤하게 자신들의 죄를 이야기했습니다.

"저는 빨래 바구니에 담긴 옷을 훔쳤습죠."

"저는 말을 훔쳤어요."

그런데 마지막 열 번째 죄인은 입을 꾹 다물고 아무 말도 하지 않았습니다. 그는 눈매가 아주 매서워 쳐다보기만 해도 전율이 느껴질 정도였습니다. 그래서인지 그는 다른 죄인들과 달리 목에까지 쇠사슬을 친친 감고 있었습니다.

"이 놈! 너는 뭘 잘했다고 묻는 말에 대답하지 않아?"

교도관들이 그를 다그쳤지만 소용없는 일이었습니다. 그러자 화가 치민 한 교도관이 입을 꿰맸느냐고 소리치며 몽둥이로 마구 때렸습니다.

그 순간, 돈키호테가 교도관을 말리며 엄하게 꾸짖었습니다.

"당장 매질을 멈춰라! 이 사람들이 비록 죄를 짓기는 했지만 그럴 만한 딱한 사정이 있었을 것이다. 어쩌면 고문을 당해 죄를 뒤집어썼을지도 모르지. 억울한 사람을 도와주는 것이 기사의 책임이니, 일단 이 사람들을 모두 풀어 주어라!"

돈키호테의 황당한 요구에 교도관들은 어이가 없었습니다. 방금 전 죄인에게 몽둥이질을 했던 교도관이 험상궂은 얼굴로 소리쳤습니다.

"기사 양반, 좋은 말로 할 때 썩 꺼지시오! 놋대야를 뒤집어쓴 머리통에 주먹만한 혹을 달고 싶지 않다면 말이오."

돈키호테는 교도관의 험한 말에 불같이 화가 치밀었습니다. 산초 판사가 달려와 말리려고 했지만, 돈키호테는 창을 치켜들고 한달음에 교도관들에게 달려들었습니다.

갑작스런 공격을 받은 교도관들이 이리저리 땅바닥에 나뒹굴었습니다. 그런 혼란을 틈타 죄인들은 서둘러 수갑과 쇠사슬을 풀었습니다.

그렇게 자유의 몸이 된 죄인들은 쓰러진 교도관들에게 발길질을 해대며 실컷 화풀이를 했습니다. 생명의 위협을 느낀 교도관들은 이렇다 할 저항 한번 못한 채 번 줄행랑을 칠 수

밖에 없었습니다. 죄인들은 달아나는 교도관들에게 돌멩이를 집어던지며 큰 소리로 웃어댔습니다.

그 때 돈키호테가 죄인들 앞에 나섰습니다. 그의 얼굴에는 한없는 자부심이 넘쳐흘렀습니다.

"여러분, 나는 정의의 기사 돈키호테요! 내가 여러분에게 자유를 주었소!"

하지만 돈키호테가 제정신이 아니라는 것을 눈치챈 죄인들은 히죽거릴 뿐 아무도 그 말을 귀담아 듣지 않았습니다. 오로지 돈키호테 혼자 무슨 큰일이라도 해낸 듯 가슴 벅찬 표정을 지었습니다. 산초 판사는 교도관들이 언제 경찰을 데려올지 몰라 이만저만 걱정이 아니었습니다.

*세르반테스 지음(부분 발췌)

[알쏭달쏭 복습하기]

'~률'일까, '~율'일까?

- 코끼리 팀 4번 타자는 이번에 홈런을 칠 (1. 확률 2. 확율)이 아주 높아요.

- 우리 반은 남자와 여자의 (1. 비률 2. 비율)이 정확히 일 대 일이야.

- 피아노는 정기적으로 (1. 조률 2. 조율)을 해줘야 합니다.

- 어려운 수업인데 (1. 출석률 2. 출석율)이 높아서 다행이

에요.

- (1.환률 2.환율) 변화에 따라 기업의 성장 속도는 달라질 수밖에 없습니다.

*정답 ; 1, 2, 2, 1, 2

[재미난 이야기 한 걸음 더]

돈키호테형 인간

스페인 작가 세르반테스의 소설『돈키호테』에서 주인공 돈키호테는 늘 행동이 앞서 현실 세계와 충돌을 일으킵니다. 풍차와 결투를 벌이고, 양떼를 군대라고 여겨 맞서 싸우기도 하지요. 그래서 그처럼 요모조모 따져 가며 행동하지 않는 사람, 섣불리 판단하는 사람을 일컬어 '돈키호테형 인간'이라고 한답니다.

그와 달리 지나치게 고민하고 망설일 뿐 과감하게 실천하지 못하는 사람을 '햄릿형 인간'이라고 합니다. 햄릿은 셰익스피어의 4대 비극 중 하나인『햄릿』의 주인공이지요.

그런데 돈키호테형 인간이나 햄릿형 인간이나 단점 못지않게 장점도 있습니다. 돈키호테형 인간은 어떤 계획을 과감히 실천할 수 있으며, 햄릿형 인간은 생각이 깊고 신중해 실수가 줄어드는 바람직한 면이 있습니다.

'왠'과 '웬'

'왠'은 '왜인'의 준말입니다. '왠지'의 형태로만 쓰입니다. '웬'은 '어찌 된', '어떠한'의 뜻입니다. 주로 명사(이름씨)를 꾸미는 관형사(매김씨)로 쓰입니다. 아울러 '웬걸'처럼 몇몇 경우 합성어(겹씨)로 쓰이기도 합니다.

★☆ 개와 고양이

조용한 강가 마을에 할아버지와 할머니가 오순도순 살았습니다. 자식이 없는 할아버지와 할머니는 개와 고양이를 키우며 가족처럼 사랑했습니다.

어느 날, 할아버지는 강으로 나가 낚시를 했습니다. 물고기를 장에 내다팔아 쌀을 살 생각이었지요. 그런데 왠지 그 날은 어둑해지도록 물고기가 한 마리도 잡히지 않았습니다.

"어쩔 수 없지. 오늘은 그냥 집에 돌아가야겠는걸."

할아버지는 실망할 할머니를 생각하며 한숨을 푹 내쉬었습니다. 하루 종일 아무것도 먹지 못해 배도 몹시 고팠습니다.

바로 그 순간, 꼼짝 않던 낚싯대가 힘차게 흔들렸습니다.

"어이쿠, 이제야 입질을 하는구나. 꽤 큰놈 같은걸."

할아버지는 재빨리 낚싯대를 들어올렸습니다. 그러자 펄떡

거리는 커다란 금빛 잉어가 물 밖으로 모습을 드러냈습니다.

"우와! 내 평생 이렇게 큰 잉어는 처음 보네."

그런데 웬걸, 잉어가 눈물을 뚝뚝 흘리는 게 아니겠습니까. 그 바람에 할아버지는 갑자기 잉어가 불쌍하게 느껴졌습니다. 그래서 바닥난 쌀독 생각도 깜빡 잊고 잉어를 다시 강으로 돌려보내 주었습니다.

다음날에도 할아버지는 낚시를 하려고 강으로 나갔습니다. 그러자 기다렸다는 듯 강물 속에서 물고기처럼 생긴 사람이 나와 정중히 말했습니다.

"안녕하세요, 저는 용궁에서 온 사신입니다. 영감님이 어제 살려 주신 잉어는 용궁의 왕자님이랍니다. 저와 함께 용왕님을 만나러 가시지요."

할아버지는 어리둥절했지만 사신이 이끄는 대로 용궁으로 향했습니다. 잠시 뒤 할아버지를 만난 용왕은 두 손을 맞잡고 고마운 마음을 전했습니다.

"제 아들을 살려 주셔서 정말 감사합니다. 제가 용궁 밖이 위험하다고 외출을 금하자, 글쎄 아들 녀석이 잉어 옷을 입고 사라졌지 뭡니까."

그 말에 용왕 곁에 서 있던 왕자의 얼굴이 발개졌습니다.

용왕은 곧 잔치를 벌여 할아버지에게 맛있는 음식을 대접했습니다. 그리고 잔치가 끝날 무렵 푸른 구슬을 내밀며 말했습니다.

"이것은 제 아들을 살려 주신 데 대한 보답입니다. 왕자가 이걸 꼭 드리라고 하더군요."

그 구슬은 용궁의 보물이었습니다. 소원을 말하면 무엇이든 들어 주는 신기한 푸른 구슬이었지요. 할아버지는 용왕의 선물을 소중히 간직한 채 강물 밖으로 나왔습니다.

그 날 저녁, 할머니와 밥상에 마주 앉은 할아버지가 혼잣말로 중얼거렸습니다.

"할멈과 함께 쌀밥에 고깃국을 먹을 수 있다면 얼마나 좋을까…."

그러자 순간 밥상에 쌀밥과 고깃국이 놓였습니다. 할아버지와 할머니는 용왕이 선물한 푸른 구슬의 신통력에 한동안 놀란 입을 다물지 못했습니다.

그 날 이후 할아버지와 할머니는 생활하는 데 아무런 걱정이 없었습니다. 넓은 집에서 새 옷을 입고 맛있는 음식을 먹으며 행복한 나날을 보냈습니다. 그럼에도 할아버지는 고기잡이 일을 그만두지 않았습니다. 할머니도 여느 때처럼 집안일을 열심히 했고요.

그로부터 며칠 뒤, 욕심쟁이 방물장수가 푸른 구슬에 관한 소문을 듣게 되었습니다. 할아버지가 강으로 나갔을 때, 방물장수가 지나가는 길에 들렀다며 할머니를 찾아왔습니다.

방물장수는 괜히 너스레를 떨며 히히거렸습니다.

"호호호! 이 집에 신기한 푸른 구슬이 있다면서요? 마침 나도 푸른 구슬을 가지고 있는데, 어디 한번 비교해 볼까요?"

그 말에 할머니는 아무 의심 없이 장롱 속에서 푸른 구슬을 꺼내 보였습니다. 그러자 방물장수는 갑자기 목이 마르다며 물을 좀 달라고 했습니다. 그것은 구슬을 바꿔치기 하려는 방물장수의 속임수였습니다.

할머니가 물을 떠 왔을 때 방물장수는 이미 어디론가 사라지고 없었습니다. 방바닥에 푸른 구슬이 그대로 놓여 있었지만, 그것은 아무런 신통력도 없는 가짜였습니다.

푸른 구슬을 잃어버리자 집도 옷도 모든 것이 옛날처럼 변했습니다. 할머니는 가슴을 치며 엉엉 울었습니다.

"아이고, 이게 웬 날벼락이람. 그새 푸른 구슬의 신통력이 다했나 봐."

마음씨 착한 할머니는 방물장수를 의심하지 않았습니다.

낚시를 마치고 강에서 돌아온 할아버지도 허름해진 집을 보고 놀라움을 감추지 못했습니다. 하지만 할머니를 원망하지 않고 따뜻하게 위로해 주었습니다.

"그만 울어요. 며칠이나마 좋은 집에서 맛난 음식을 먹었으니 됐소."

그 때 마당에서 사이좋게 장난을 치던 개와 고양이는 다시 가난해진 할아버지와 할머니의 처지가 몹시 안타까웠습니다. 개와 고양이는 방물장수가 한 짓을 잘 알고 있었습니다.

그래서 그 날 밤, 개는 고양이를 등에 태우고 강 건너에 사는 방물장수의 집으로 찾아갔습니다. 개와 고양이는 일단 살금살금 광으로 들어갔습니다.

"개야, 헤엄쳐 강을 건너느라 수고했어. 이제 내가 실력을 보여줄게."

고양이는 말을 마치기 무섭게 재빨리 커다란 쥐를 잡았습니다. 그 쥐는 광에 사는 모든 쥐들의 우두머리였습니다.

우두머리 쥐의 머리를 움켜쥔 고양이가 다른 쥐들에게 명령했습니다.

"어서 방 안으로 들어가 푸른 구슬을 가져오너라. 그러면 너희들의 대장을 살려 주마."

그러자 두려움에 떨던 쥐들은 곧장 방물장수가 잠든 방으로 숨어들었습니다. 얼마 지나지 않아 다시 나타난 쥐들은 조심스럽게 고양이 앞에 푸른 구슬을 내려놓았습니다.

개와 고양이는 자신들의 계획이 성공해 하늘을 날 듯 기뻤습니다. 개는 고양이가 푸른 구슬을 입에 물고 등에 올라타자 또다시 집을 향해 강을 건넜습니다.

그런데 얼마쯤 강을 건넜을 때, 개는 왠지 고양이가 푸른 구슬을 잘 물고 있을까 궁금해졌습니다.

"구슬을 잘 갖고 있니, 고양이야?"

입에 푸른 구슬을 문 고양이는 그 물음에 아무런 대답도 할수 없었습니다. 그 이유를 미처 헤아리지 못한 개는 자꾸만 반복해서 똑같은 질문을 했습니다.

참다못한 고양이가 버럭 화를 내며 소리쳤습니다.

"웬 걱정이 그렇게 많아! 잘 가지고 있으니까 걱정 말라고!"

그 순간, 푸른 구슬은 고양이의 입에서 강물로 떨어지고 말았습니다. 그렇게 모든 수고가 물거품이 되었습니다.

"개 때문에 일을 망쳤어. 두 번 다시 멍청한 개와 어울리지 않을 거야."

개는 미안한 마음에 강을 건너자마자 슬며시 집 안으로 들어갔습니다. 그리고 이튿날 날이 밝아도 큰 죄를 지은 표정으로 하루 종일 마당에 웅크리고 있었습니다.

그 시각 고양이는 좀처럼 화가 풀리지 않아 강가를 서성거렸습니다. 어느덧 해가 다시 질 무렵, 집으로 돌아가던 한 어부가 고양이에게 물고기 한 마리를 던져 주었습니다.

고양이는 배고픔에 그 물고기를 덥석 물었습니다. 그 순간 입 안에서 딱 하는 소리가 요란하게 들렸습니다.

"물고기 뱃속에 웬 돌멩이람?"

고양이는 물고기를 뱉어 이리저리 살펴보았습니다. 그런데 그것은 놀랍게도 돌멩이가 아니라 개 때문에 강에 빠뜨렸던 푸른 구슬이었습니다.

고양이는 푸른 구슬을 다시 찾은 기쁨에 부리나케 집으로 달려왔습니다. 그리고 할아버지와 할머니에게 그것을 건넸습니다. 그제야 할아버지와 할머니도 푸른 구슬이 바뀌었다는 사실을 알게 되었습니다.

"영감, 고양이가 우리를 위해 푸른 구슬을 찾아왔구려."

"그러게 말이오. 귀여운 고양이가 우리 부부를 위해 고생했으니 더욱 잘 돌봐 줘야겠소."

그 날부터 고양이는 할아버지 할머니와 함께 방 안에서 지내게 되었습니다. 만날 맛있는 생선을 먹으며 겨울에도 따뜻한 아랫목에서 지냈지요. 할머니는 하루에도 몇 번씩 고양이를 꼭 안아 주었답니다.

물론 개는 고양이와 달리 여전히 마당 한쪽에서 생활했습니다. 강가 마을에는 이따금 하늘의 달을 올려보며 컹컹 짖어 대는 개의 울음소리가 울려 퍼졌습니다.   *한국 전래동화

[알쏭달쏭 복습하기]

'왠'일까, '웬'일까?

- 내 친구는 날마다 (1. 왠 2. 웬) 걱정이 그렇게 많은지 모르겠어.

– 오늘은 (1. 왠지 2. 웬지) 일이 잘 풀릴 것 같은 기분인걸.

– 장마철도 아닌데 (1. 왠 2. 웬) 비가 사흘째 계속 내리는 거야?

– 아니, 이게 (1. 왠 2. 웬) 떡이야!

– (1왠 2. 웬) 사람들이 밖에서 저렇게 떠들어댈까?

*정답 ; 2, 1, 2, 2, 2

[재미난 이야기 한 걸음 더]

견원지간

사이가 매우 나쁜 관계를 비유적으로 일컫는 한자성어가 있습니다. '개와 원숭이 사이'라는 뜻의 '견원지간'이 그것이 지요. 한자로 쓰면 개 견(犬), 원숭이 원(猿), 갈 지(之), 사이 간(間)이 됩니다.

우리나라에는 예로부터 원숭이가 별로 없어 그 말뜻이 선뜻 와 닿지 않지만, 개와 원숭이는 서로 사이가 좋지 않기로 유명한 동물이랍니다. 앞의 전래동화처럼 개와 고양이가 서로를 시기하고 미워하게 되었다면 '고양이 묘(猫)'를 써서 '견묘지간'이고 할 수도 있을 것입니다.

'ᐯ지'와 'ᐱ지'

'지'가 시간의 흐름을 의미할 때는 띄어 써야 합니다. 그러나 '～는지', '～
ㄹ지' 같은 형태의 어미(씨끝)라면 붙여 써야 합니다.

★☆ 아름다운 기적

추운 겨울, 늙은 악사가 성당 안으로 들어섰습니다. 그는 벌써 사흘째 아무것도 먹지 못해 금방이라도 쓰러질 지경이었습니다.

악사는 슬픈 얼굴로 성모상 앞에 무릎을 꿇고 앉아 기도했습니다.

"아, 사람들에게 음악을 들려주며 살아온 지 어느덧 40여 년이 지났습니다. 그 세월 동안 저는 세상에서 가장 행복한 사람이었지요. 하지만 이제 누구도 늙고 병든 저의 음악을 들으려고 하지 않습니다….."

기도를 마친 악사는 성모상 앞에서 정성껏 바이올린을 연주했습니다. 어쩌면 그 악사의 마지막이 될지 모를 연주였습니다.

그런데 그 순간 기적이 일어났습니다. 성모상이 갑자기 허리를 숙이더니 앞에 놓인 은촛대 하나를 악사에게 건넨 것입니다. 은촛대를 받아든 악사의 눈에서 주르르 눈물이 흘러내렸습니다.

잠시 뒤, 은촛대를 들고 성당을 나온 악사는 근처 여관으로 향했습니다. 그 은촛대만 있으면 악사는 당분간 음식과 잠자리를 걱정하지 않아도 됐습니다.

하지만 은촛대를 본 여관 주인은 악사를 곧장 경찰에 신고했습니다. 가난뱅이 악사가 성당에서 은촛대를 훔쳤다고 생각했기 때문입니다. 결국 악사는 경찰관에게 붙잡혀 감옥으로 끌려가는 처지가 되었습니다.

그런데 감옥을 향해 발걸음을 옮기던 악사가 경찰관에게 간절히 소원을 말했습니다.

"경관님, 성당에 들러 고마운 성모님께 마지막으로 음악을 들려드리고 싶습니다. 부디 허락해 주십시오."

다행히 신앙심이 깊은 경찰관이었는지, 흔쾌히 악사의 부탁을 들어 주었습니다. 마침 거리를 지나가던 마을 사람들이 호기심 가득한 표정으로 악사와 경찰관의 뒤를 따라갔습니다.

다시 성모상 앞에 선 악사는 여느 때처럼 정성껏 바이올린을 연주했습니다.

'성모님, 저는 이제 감옥으로 갑니다. 제게 베풀어 주셨던 은혜, 언제까지나 가슴 깊이 간직하겠습니다.'

그러자 그 때, 또다시 놀라운 일이 벌어졌습니다. 성모상이 먼젓번처럼 허리를 숙이더니 앞에 놓인 다른 은촛대를 악사에게 건네는 것이었습니다. 그제야 경찰관과 마을 사람들은 악사의 말이 거짓이 아닌 것을 알게 되었습니다.

은촛대를 받아든 악사는 감격한 얼굴로 계속 음악을 연주했습니다. 악사의 연주를 듣는 사람들의 두 볼에 뜨거운 눈물이 주르르 흘러내렸습니다.

"지금껏 내가 들었던 음악 중 최고야!"

"저 늙은 악사는 이 세상 최고의 연주가야!"

그랬습니다. 그것은 세상에서 가장 멋진 연주였고, 더없이 아름다운 기적이었습니다.

*오스트리아 옛이야기

[알쏭달쏭 복습하기]

'∨지'일까, '∩지'일까?

– 내가 다시 (1.돌아온 지 2.돌아온지) 벌써 10년이 흘렀구나.

– 네가 이번에 왜 (1.실패했는 지 2.실패했는지) 철저히 분석해라.

- 편지를 (1.보낸 지 2.보낸지) 꽤 오래되었습니다.
- 그 아이는 시간을 어떻게 보내야 (1.할 지 2.할지) 잘 알고 있더군요.
- 선생님이 그 말씀을 왜 (1.하셨는 지 2.하셨는지) 모르겠어.

*정답 : 1, 2, 1, 2, 2

[재미난 이야기 한 걸음 더]

우리나라의 천주교

우리나라에 천주교가 처음 알려진 때는 임진왜란 전후로 거슬러 올라갑니다. 명나라에 여러 차례 사신으로 다녀왔던 이수광이 천주교 교리를 담은 책을 소개했지요. 그 뒤 100여 년이 지난 1700년대에 이르러 많은 선비들 사이에 천주교가 빠르게 퍼져갔습니다. 그 결과 1784년 무렵 최초의 성당이 만들어졌지요.

그런데 그 때부터 천주교에 대한 박해가 시작되었습니다. 그와 같은 천주교의 수난은 광복이 되고 나서도 한동안 계속되었습니다. 종교의 자유를 억압받으며 수많은 사람들이 목숨을 잃었던 것입니다. 하지만 그런 어려움 속에서도 신자들의 믿음은 더욱 굳건해져 오늘날 천주교는 불교, 개신교와 더불어 우리나라의 3대 종교로 자리잡았습니다.

'안∨'과 '않⌒'

'안'은 '아니'의 줄임말입니다. 부사(어찌씨)로서, 뒤에 오는 동사(움직씨)나 형용사(그림씨)를 꾸밉니다. '않'은 '아니하'의 줄임말입니다. 동사나 형용사 뒤에서 부정의 뜻을 나타냅니다. 쉽게 구별하는 방법으로 '안' 또는 '않'을 빼고 말이 되면 '안', 말이 되지 않으면 '않'이 쓰입니다. 이를테면 '안 만나요'의 경우 '만나요(만나다)'가 그 자체로 말이 되므로 '않'이 아닌 '안'이 맞는 식이랍니다.

★☆ 처칠의 말솜씨

제2차 세계 대전 무렵 영국의 수상이었던 윈스턴 처칠은 유머 감각이 아주 뛰어난 사람이었습니다. 그는 아무리 심각한 상황에서도 좀처럼 여유와 웃음을 잃지 않았습니다.

어느 해, 처칠이 미국을 방문했을 때의 일입니다. 그가 가는 곳마다 연설을 듣기 위해 구름처럼 많은 사람들이 모여들자 한 기자가 물었습니다.

"수상님의 연설은 정말 인기가 대단하군요. 저렇게 엄청난 군중이 연설을 들으려고 모여든 것을 보면 참 기쁘시지요?"

그러자 그 물음에 처칠은 빙그레 미소를 지으며 대답했습니다.

"그럼요, 왜 기분이 안 좋겠어요? 하지만 내가 교수형을 당하는 자리라면 청중들이 최소한 지금의 두 배쯤 될 거예요. 나는 항상 그 사실을 명심하고 있답니다."

처칠의 재치 있는 말에 기자는 놀라움을 감추지 못했습니다.

그런데 처칠은 유머 감각만 뛰어난 사람이 아니었습니다. 그는 이따금 짧고 강렬한 연설로 청중들을 사로잡기도 했습니다.

처칠이 옥스퍼드대학 졸업식에 참석했을 때 있었던 일입니다.

그 날 수많은 사람들이 영국의 존경받는 정치가인 처칠의 연설을 기다렸습니다. 잠시 뒤 처칠이 당당한 걸음걸이로 졸업식장에 나타나자 청중들은 열광적인 박수로 환영했습니다.

처칠은 곧 연설을 하기 위해 연단 앞으로 갔습니다. 그는 먼저 쓰고 있던 모자를 천천히 벗어 연단에 내려놓았습니다. 청중들은 한 사람도 다른 행동을 안 하고, 숨죽인 채 일제히 처칠을 바라보았습니다.

처칠은 엄숙한 얼굴로 주위를 휘 둘러보았습니다. 그리고 마침내 입을 열었습니다.

"포기하지 마십시오!"

청중들은 다음에 어떤 말이 이어질까 궁금했습니다. 처칠은 살짝 미소를 띠며 잠시 뜸을 들였습니다. 그러더니 또다시 큰 소리로 외쳤습니다.

"절대 포기하지 마십시오!"

그리고 잠시 아무 말도 하지 않고 서 있다가 다시 모자를 쓰고 연단에서 물러났습니다. 처칠은 단 두 마디의 강렬한 연설로 영국의 미래를 이끌어 갈 젊은이들에게 중요한 가르침을 전했던 것입니다. *세계 위인의 일화

[알쏭달쏭 복습하기]

'안'일까, '않'일까?

– 착한 어린이는 다른 사람에게 함부로 말하지 (1.안아요 2.않아요).

– 일기예보와 달리 눈이 (1.안 온다 2.않 온다).

– 아무것도 (1.안 먹고 2.않 먹고) 사람이 살 수 있겠어?

– 여기서 2시간 동안 꼼짝 (1.안고 2.않고) 너를 기다렸어.

– 나는 앞으로 그런 짓은 절대 (1.안 해 2.않해).

*정답 : 2, 1, 1, 2, 1

[재미난 이야기 한 걸음 더]

처칠의 못 말리는 유머 감각

영국이 한창 독일군의 공격을 받을 때였습니다. 영국군 지

휘부는 적군의 공습을 피해 방공호 안에 대피해 있었습니다.

영국군 장교들은 표정이 아주 어두웠습니다. 그들은 너나 없이 독일군을 두려워하고 있었습니다. 때마침 병사들의 사기를 북돋워 주려고 방공호를 찾은 처칠이 그 광경을 보았습니다. 처칠은 영국군 장군을 불러 짐짓 큰 소리로 말했습니다.

"장군, 좀 웃으시오! 그리고 당신 부하들에게도 웃음을 가르치시오. 차마 웃을 수 없다면 미소라도 지으시오. 미소도 못 짓겠다고? 그럼 미소라도 지을 수 있을 때까지 저기 구석으로 물러나 있으시오."

영국군 장군은 처칠의 말뜻을 금방 헤아렸습니다. 그제야 다른 장교들도 얼굴 가득 미소를 띠며 새로운 용기를 갖게 되었습니다.

'ⅴ데'와 '⌒데'

'ⅴ데'는 '곳'이나 '장소', '일'이나 '것', '경우' 등의 의미를 담고 있을 때 쓰입니다. '⌒데'는 어떤 일을 묻거나 시키거나 이야기하면서, 그것과 연관되는 상황을 미리 설명할 때 쓰입니다. 그 밖에 '네 키가 정말 큰데.'의 예처럼 감탄의 뜻을 담은 종결어미(맺음끝)로 쓰이는 경우에도 '⌒데'의 형태가 됩니다.

★☆ 관포지교

중국 제나라에 '관중'과 '포숙'이 살았습니다. 두 사람은 아주 친한 친구 사이로 서로를 피붙이처럼 아꼈지요.

어느 날, 관중과 포숙은 함께 장사를 하게 되었습니다. 밑천은 주로 포숙이 댔고, 관중은 경영을 담당했습니다.

두 사람의 장사는 나날이 번창해 적지 않은 이익을 남겼습니다. 그런데 이익금을 나누는 과정에서 관중이 자꾸만 욕심을 부렸습니다.

그런 상황은 누가 보더라도 포숙이 충분히 화를 낼 만했습니다. 하지만 포숙은 조금도 관중을 미워하지 않았습니다.

"관중은 나보다 살림살이가 넉넉하지 않아. 그러니까 당연히 이익금을 많이 가져가도 돼.”

그 후 관중과 포숙은 벼슬자리에 오르게 되었습니다. 그런데 노력이 부족했는지, 관중은 몇 차례나 관직에 오르고 물러나기를 반복했습니다. 그럼에도 포숙은 관중을 얕보지 않았습니다.

“벼슬을 하는 데는 행운과 불운이 따르게 마련이야. 요즘은 관중의 운이 별로 좋지 않지만, 머지않아 한껏 능력을 발휘할 거야.”

포숙의 그런 마음씀씀이는 전쟁터에서도 변함이 없었습니다. 두 친구는 함께 전장에 나갔는데. 겁이 많은 관중이 3번이나 도망을 쳤습니다. 하지만 포숙은 비겁하다며 비난하기는커녕 여전히 친구를 두둔했습니다.

“관중이 자꾸 도망치는 데는 그럴 만한 이유가 있어. 고향에 계신 늙은 어머니 때문이지. 관중은 효심이 지극한 사람이야.”

그처럼 포숙은 어떤 상황에서나 관중을 끝까지 믿어 주었습니다. 친구의 잘못을 꼬집어 비아냥대는 법이 없었습니다.

그런 점에서는 관중 역시 포숙 못지않았습니다. 비록 젊은 날 몇 차례 부끄러운 행동을 하기는 했지만, 친구를 생각하는 마음은 관중도 결코 뒤처지지 않았습니다.

“나를 낳고 키워 주신 분은 부모님이나, 나를 알아준 이는 포숙이다.”

관중은 훗날 훌륭한 정치가가 되었는데, 사람들 앞에서 입버릇처럼 이렇게 이야기했습니다. 그래서 후세 사람들은 남다른 우정을 말할 때 관중과 포숙의 사귐, 즉 '관포지교'라는 표현을 쓰게 되었답니다. *『사기』 중에서

[알쏭달쏭 복습하기]

'∨데'일까, '⌒데'일까?

– 이것은 머리 (1.아픈 데 2.아픈데) 먹는 약이란다.

– 내가 지금 (1.사는 데 2.사는데)는 제주도야.

– 그 일을 (1.마치는 데 2.마치는데) 일주일이나 걸렸어요.

– 숙제가 그렇게 (1.많은 데 2.많은데) 게임만 하고 있었던 거야?

– 어이쿠, 직접 보니까 정말 무섭게 (1.생겼는 데 2.생겼는 데 3.생겼는대)!

*정답 ; 1, 1, 1, 2, 2

[재미난 이야기 한 걸음 더]

우정을 이야기하는 한자성어들

– 수어지교 ; 물과 물고기처럼 잠시도 떨어져 지낼 수 없을 만큼 가까운 친구 사이.

– 지란지교 ; 지초와 난초처럼 맑고 깨끗하며 우정이 두터 운 친구 사이.

– 문경지교 ; 목이 베어 죽음을 함께해도 결코 마음이 변하 지 않는 친구 사이.

– 간담상조 ; 마음 깊숙한 곳을 서로 비출 만큼 무엇이든 숨김없는 친구 사이.

– 막역지우 ; 서로 마음이 잘 맞아 거스를 것이 없는 허물 없는 친구 사이.

'부치다'와 '붙이다'

'부치다'는 편지나 물건 따위를 상대에게 보낸다는 뜻입니다. 아울러 어떤 문제를 다른 특별한 방법으로 결정하는 경우 등에도 쓰입니다. '붙이다'는 '붙게 하다'의 뜻을 담고 있습니다.

★☆ 세상에 쓸모없는 것은 없어

훗날 이스라엘의 왕이 되는 다윗은 한때 곤충과 벌레를 몹시 싫어했습니다. 그 중에서도 거미와 모기 등은 아무짝에도 쓸모없는 생명이라고 생각했지요.

"세상 만물은 저마다 쓰임새가 있다고 배웠어. 하지만 아무리 생각해 봐도 거미와 모기가 왜 이렇게 많아야 하는지 도무지 이유를 모르겠군. 성가시기 그지없는 거미와 모기는 눈에 띄는 대로 잡아 죽여야 해. 그 따위 것들을 재판에 부쳐 처형할 필요는 없겠지."

그러던 어느 날이었습니다. 전쟁터에 나갔던 다윗은 적군에 쫓겨 거미줄이 가득 쳐진 동굴로 숨어들게 되었습니다.

"틀림없이 다윗이 이쪽으로 도망쳤는데, 어디 숨었지?"

적군은 다윗을 찾아 주위를 두리번거렸습니다. 하지만 거미줄투성이인 동굴 안으로는 선뜻 들어오지 않았습니다. 다윗은 동굴 벽에 몸을 딱 붙인 채 꼼짝하지 않았습니다.

잠시 뒤 적군이 돌아가자, 그제야 다윗은 안도의 한숨을 내쉬었습니다.

"휴, 살았다. 하찮게 여긴 거미 덕분에 내가 목숨을 건질 줄이야."

그로부터 며칠 후, 다윗의 군대가 적군을 물리치기 시작했습니다. 하지만 적군은 쉬 후퇴하지 않았습니다. 그들은 곧 전열을 정비해 다시 공격을 해올 기세였습니다.

다윗은 어떻게 하면 적군의 사기를 떨어뜨릴 수 있을까 궁리해 보았습니다.

"적의 장군에게 항복을 권유하는 편지라도 부칠 수 있으면 좋으련만. 아니야, 그런다고 순순히 물러설 리도 없지…."

이것저것 곰곰이 생각하던 다윗은 한참 만에 결론을 내렸습니다.

"그래, 적의 장군이 아끼는 칼을 빼앗아 오자! 칼만 빼앗고 목숨을 살려 준다면 장군이 깜짝 놀라 부하들을 데리고 달아날 거야. 그것은 우리의 용기와 너그러움을 보여주는 행동일 테니까."

그 날 밤, 다윗은 적의 장군이 잠든 침실로 몰래 숨어들었습니다. 오랜 전투에 지친 탓인지 장군은 코를 골며 깊은 잠에 빠져 있었습니다.

그런데 다윗의 계획에 큰 문제가 생겼습니다. 장군이 두 다리를 붙인 채 그 사이에 칼을 끼운 자세로 자고 있었던 것입니다.

'거참, 낭패로군. 억지로 칼을 빼 내면 잠에서 깰 텐데 어떡하지….'

바로 그 때였습니다. 난데없이 모기 한 마리가 장군의 다리로 날아 앉아 피를 빨았습니다. 그 바람에 가려움을 느낀 장군이 잠결에 몸부림을 치다가 칼을 떨어뜨리고 말았습니다. 다윗은 그 기회를 놓치지 않고 재빨리 칼을 주워들었습니다.

"그동안 내가 어리석었어. 정말 세상에는 아무짝에도 쓸모없는 것이 없군."

다윗은 하찮게 여기던 거미와 모기의 도움을 받게 될 줄 꿈에도 생각하지 못했습니다. 결국 다윗은 거미 덕분에 목숨을 구하고, 모기 덕분에 전쟁을 승리로 이끌 수 있었습니다.

*『탈무드』 중에서

[알쏭달쏭 복습하기]
'부치다'일가, '붙이다'일까?
- 할머니가 시골에서 감자를 (1.부쳐 2.붙여) 주셨어요.
- 이렇게 중요한 문제는 국민 투표에 (1.부쳐야 2.붙여야)

합니다.

- 편지 봉투에 반드시 우표를 (1.부치고 2.붙이고) 우체통
  에 넣어야 해요.

- 너는 왜 내가 시키는 일마다 시시콜콜 조건을 (1.부치니
  2. 붙이니)?

- 쉿, 지금부터 내가 하는 말은 꼭 비밀에 (1.부쳐야 2.붙
  여야) 돼!

*정답 ; 1, 1, 2, 2, 1

[재미난 이야기 한 걸음 더]
다윗과 골리앗의 싸움

여러 가지 조건의 차이로 도저히 적수가 될 것 같지 않은
상대가 맞붙었을 때, 우리는 '다윗과 골리앗의 싸움'이라는 표
현을 즐겨 씁니다. 이 말의 유래는 기원전 1000년 무렵 고대
이스라엘로 거슬러 올라갑니다.

그 시절, 소년 다윗은 한 전투에서 골리앗을 물리쳐 위기에
빠진 이스라엘을 구했습니다. 당시 다윗은 누가 봐도 골리앗
의 상대가 되지 않았습니다.

다윗은 주위에서 흔히 볼 수 있는 평범한 체격의 소년이었
습니다. 하지만 골리앗은 키가 2.9미터나 되는 거인이었지
요. 더구나 단단한 갑옷을 입고 있어, 공격을 하려고 해도 어

디 한 군데 빈틈이 보이지 않았습니다.

그러나 다윗은 슬기로운 소년이었습니다. 그는 갑옷도 입지 않은 채 돌멩이를 넣은 자루를 들고 골리앗과 맞섰지요. 골리앗은 그런 다윗을 우습게 여겨 무작정 덤벼들었습니다.

하지만 작은 고추가 매운 법. 다윗은 재빨리 몸을 피하면서 골리앗의 이마를 향해 돌멩이를 던졌습니다. 돌멩이는 딱 소리와 함께 정확히 명중! 그렇게 골리앗은 쓰러졌고, 전투는 이스라엘의 승리로 끝났습니다. 그 후 다윗은 고대 이스라엘의 제2대 왕이 되었습니다.

'나가다'와 '나아가다'

'나가다'는 지역이나 공간의 이동을 말합니다. 이를테면 안에서 밖으로 이동하는 것이지요. 그와 달리 '나아가다'는 '앞으로 향해 가는 것', '상황이 점점 좋아지는 것' 등의 의미를 담고 있습니다.

★☆ 피리 부는 사나이

독일의 하멜른이라는 도시에서 큰 소동이 일어났습니다. 도시 곳곳에 엄청난 수의 쥐들이 나타난 것입니다. 주민들이 쉼 없이 잡아도 쥐들은 어디선가 줄기차게 기어 나왔습니다.

쥐들은 이것저것 닥치는 대로 갉아 먹었습니다. 심지어 갓난아기의 발가락을 깨물기도 했습니다. 사람들은 쥐가 옮길지도 모르는 전염병 때문에 이만저만 걱정이 아니었습니다.

"도대체 이게 무슨 일이야? 하루빨리 시청에서 쥐들을 없앨 대책을 세워야 할 것 아니야!"

주민들은 이러쿵저러쿵 불평을 늘어놓느라 아우성이었습니다. 그리고 며칠이 지나도 상황이 나아지지 않자, 마침내 시장을 찾아가 따졌습니다.

"시장님, 쥐들 때문에 못 살겠어요. 제발 쥐들을 전부 잡아

주세요."

그 중에는 시장을 탓하며 손가락질을 해대는 사람도 있었습니다. 하지만 시장도 이렇다 할 뾰족한 수가 없어 답답할 따름이었습니다. 시청에도 쥐가 득실거리기는 마찬가지였으니까요.

그 날 이후 시장은 주민들의 따가운 시선을 피하느라 시청 밖으로 한 발짝도 나가지 않은 채 고민에 빠졌습니다. 그 사이 사태는 더욱 심각해져 이제 쥐들은 사람을 보고도 도망가지 않았습니다.

시장은 몇 날 며칠 궁리한 끝에 현상금을 걸어 문제를 해결하기로 했습니다. 쥐를 한 마리도 남김없이 없애는 사람에게 평생 동안 쓰고도 남을 만큼 돈을 주겠다는 것이었지요.

그 사실을 알리는 공고문이 붙자마자 몇몇 사람들이 시장을 찾아왔습니다. 하지만 그들은 돈 욕심만 있을 뿐 쥐를 없앨 방법을 알지 못했습니다. 결국 그들은 얼마 지나지 않아 쥐잡기를 포기하고 말았습니다.

그러던 어느 날이었습니다. 그 도시 사람이 아닌 낯선 사나이가 시장을 찾아와 말했습니다.

"제가 이 도시의 쥐들을 전부 없애겠습니다."

사나이는 허름한 옷차림에 손에 피리를 들고 있었습니다. 시장은 그가 영 미덥지 않았지만 속는 셈 치고 일을 맡겨 보기로 했습니다.

"당신이 정말 쥐를 없앨 수 있단 말이오? 그렇게만 해준다면 당장 현상금을 내주겠소."

시장의 약속을 확인한 사나이는 곧장 시내 한복판으로 갔습니다. 그리고 주위를 휘 둘러본 뒤 천천히 피리를 불었습니다.

삐리릴리 삐리릴리 삘리리~.

그 순간 눈으로 보고도 차마 믿을 수 없는 일이 벌어졌습니다. 집이며 하수구며 차 안에서 수많은 쥐들이 줄지어 쏟아져 나오는 것이었습니다. 창문 밖으로 그 광경을 지켜본 주민들의 눈이 휘둥그레졌습니다.

"저 사람은 누구야? 거참, 신기한 일일세."

사나이가 피리를 분 지 얼마 지나지 않아 시내는 온통 쥐들로 새까맣게 뒤덮였습니다. 잠시 뒤 더 이상 쥐가 나오지 않자, 사나이는 계속 피리를 불며 앞으로 나아갔습니다. 그러자 놀랍게도 쥐들이 그의 뒤를 따라 움직이기 시작했습니다.

그렇게 사나이는 쥐들을 데리고 시내를 빠져 나가 강가에 이르렀습니다. 강에는 거센 물살이 흐르고 있었습니다.

삐리릴리 삐리릴리 삘리리~.

사나이가 피리를 불자, 이번에는 더욱 놀라운 일이 벌어졌습니다. 쥐들이 앞다투어 강으로 뛰어들지 뭡니까. 사나이를 따라와 그 모습을 지켜본 사람들은 한동안 벌어진 입을 다물지 못했습니다.

성공적으로 일을 마친 사나이는 다시 시장을 찾아갔습니다. 시장은 이미 강가에 다녀온 비서로부터 쥐가 모두 사라졌다는 보고를 받은 뒤였습니다.

"시장님, 제가 쥐들을 한 마리도 남김없이 없앴습니다. 약속대로 현상금을 주십시오."

그런데 왠지 시장의 표정이 묘하게 일그러졌습니다. 시장은 사나이에게 다그치듯 물었습니다.

"지금 뭐라고 했소? 현상금이라니, 도대체 그게 무슨 말이오?"

사나이는 차분한 목소리로 시장이 한 약속을 새삼 떠올려 주었습니다. 그러나 시장은 여전히 시치미를 뚝 떼며 화까지 냈습니다.

"거짓말 마시오. 나는 그런 약속을 한 적이 없소. 당장 여기서 나가지 않으면 경비원을 불러 쫓아내겠소."

사나이는 더 이상 어쩔 도리가 없었습니다. 그는 시장실을 나오며 조용한 목소리로 경고했습니다.

"명심하세요. 머지않아 약속을 지키지 않은 것을 후회하실 겁니다."

하지만 그 정도 말로 잘못을 뉘우칠 시장이 아니었습니다.

시장은 쥐들이 없어졌으니 걱정할 일이 하나도 없다고 생각했습니다. 심지어 시장은 시청을 나서는 사나이를 창 밖으로 내려다보며 비아냥대기까지 했습니다.

"흥! 네깟 녀석 때문에 내가 후회할 것이 뭐 있어?"

이튿날 아침, 사나이는 다시 시내 한복판으로 갔습니다. 그리고 쥐들을 불러 모을 때처럼 피리를 불었습니다.

삐리릴리 삐리릴리 삘리리~.

그러자 이번에는 집집마다 문이 열리면서 아이들이 하나둘 사나이 앞으로 다가왔습니다. 그렇게 금세 시내에 사는 아이들이 다 모이자 사나이는 천천히 걸음을 옮겼습니다. 아이들은 그의 뒤를 따르며 즐겁게 노래를 부르고 춤을 추었습니다.

"미하엘, 어디 가니?"

"집으로 돌아오렴, 뮐러!"

엄마 아빠가 큰 소리로 아이들을 불렀지만 소용없었습니다. 시청에 있던 시장도 때마침 창 밖으로 그 광경을 보았습니다.

"아니, 아이들이 왜 저 사람을 쫓아가지?"

시장은 허둥지둥 밖으로 달려 나와 아이들에게 소리쳤습니다.

"애들아, 멈춰! 그 사람을 따라가면 안 돼!"

그래도 아이들이 돌아오지 않자, 시장은 숨을 헐떡거리며 뒤를 따라갔습니다. 아이들은 시내를 한참 벗어나서도 걸음을 멈추지 않았습니다. 사나이와 아이들은 가파른 산 쪽으로 계속 나아갔습니다.

잠시 뒤, 사나이와 아이들은 산마루에 다다랐습니다. 그 곳에는 거대한 바위가 있었습니다. 사나이가 바위에 바짝 다가서자 신기한 일이 벌어졌습니다. 대문이 열리듯, 갑자기 바위가 양쪽으로 활짝 갈라진 것입니다.

사나이는 피리를 불며 그 안으로 들어갔습니다. 아이들도 더없이 행복한 표정을 지으며 기꺼이 그를 따라갔습니다. 사나이와 아이들이 전부 사라진 뒤에야 바위는 스르르 닫혔습니다.

그제야 시장은 심상치 않은 일이 벌어진 것을 알았습니다. 다급해진 시장은 큰 소리로 사나이를 불렀습니다.

"이봐요, 내가 잘못했소. 약속대로 현상금을 줄 테니 어서 아이들을 돌려보내시오!"

하지만 이미 때는 늦었습니다. 시장의 간절한 외침이 산마루에 메아리 칠 뿐, 사나이는 다시 모습을 나타내지 않았습니다.

주민들은 곧 시장이 약속을 지키지 않아 아이들이 사라진 것을 알고 시청으로 몰려왔습니다. 또다시 궁지에 몰린 시장은 변명을 하기에 바빴습니다.

"조금만 기다려 봐요. 며칠 있으면 아이들이 돌아올 테니 걱정 말아요."

하지만 시장의 예상은 들어맞지 않았습니다. 한 달이 지나고 두 달이 지나고, 1년이 지나고 2년이 지나도 아이들은 돌아오지 않았습니다. 소식조차 전혀 들을 수가 없었습니다.

어느덧 도시는 아주 조용해졌습니다. 어디에서도 아이들의 웃음소리가 들리지 않았으니까요. 하멜른은 아이들이 하나도 없는 쓸쓸한 도시가 되었습니다.   *독일 옛이야기

[알쏭달쏭 복습하기]

'나가다'일까, '나아가다'일까?

  - 이번에 저는 회사를 (1.나가 2.나아가) 사업을 해볼 생각이에요.

  - 네가 세운 계획대로 쉼 없이 (1.나가야 2.나아가야) 성공할 수 있어.

  - 그것이 우리 모둠이 (1.나갈 2.나아갈) 바람직한 방향입니다.

  - 부모님을 이해하세요. (1.나가 2.나아가) 부모님을 사랑하세요.

  - 이런 사연이 방송에 (1.나가면 2.나아가면) 사람들이 무척 슬퍼할 거야.

[재미난 이야기 한 걸음 더]

쥐가 옮기는 무서운 전염병 '페스트'

1347년부터 1350년 사이 유럽과 아프리카 북부 지역은 페스트 때문에 엄청난 피해를 입었습니다. 병이 번진 지 3년 만에 유럽 인구의 3분의 1 이상이 목숨을 잃었지요.

페스트는 그 전에 중국에서도 수많은 사람들의 목숨을 앗아간 적이 있었습니다. 1331년 무렵 중국 대륙에 널리 퍼져 20여 년 동안 약 3천만 명의 사람들이 죽었지요.

페스트는 흔히 '흑사병'이라고 합니다. 고열과 구토에 시달리다가 마지막에는 온몸이 검게 변해 죽는다고 해서 붙여진 이름입니다. 당시 유럽에서는 얼마나 많은 사람들이 페스트로 죽었는지, 일일이 매장을 못해 길바닥 여기저기에 시체가 나뒹굴었다고 합니다.

'안∨되다'와 '안⌒되다'

'안 되다'는 '아니'와 '되다'가 더해진 것입니다. 즉 부정의 뜻이 담겨 '무엇이 아니 되다.'라는 의미지요. '안되다'는 형편이 나쁘거나 안타까운 마음을 나타냅니다.

★☆ 서유기

어느 날, 삼장법사 일행은 넓은 들판에서 산적 무리와 맞닥뜨렸습니다. 그들은 하나같이 얼굴이 몹시 험상궂었습니다. 그럼에도 손오공은 당황하지 않고 용감히 싸움을 벌여 순식간에 산적들을 모조리 죽였습니다.

"스승님, 제 솜씨 훌륭하지요?"

손오공은 어깨를 으쓱거리며 자신만만한 표정을 지었습니다. 그런데 입에 침이 마르도록 칭찬할 줄 알았던 삼장법사의 얼굴이 몹시 어두웠습니다.

"오공아, 너는 왜 그렇게 참혹한 짓을 했느냐?"

삼장법사는 엄한 목소리로 손오공을 꾸짖었습니다. 뜻밖의 상황에 잠시 당황한 표정을 짓던 손오공은 이내 불평을 늘어놓았습니다.

"도대체 그게 무슨 말씀이세요? 제가 서둘러 산적들을 해치우지 않았다면, 우리가 당했을지도 몰라요."

"허허, 너는 끔찍한 짓을 저지르고도 반성할 줄을 모르는구나. 사람 목숨보다 귀한 것이 어디 있다고. 그래서야 어찌 내가 너를 제자로 삼아 천축까지 함께 가겠느냐?"

삼장법사의 말에 손오공은 더 이상 화를 참지 못했습니다.

"쳇, 무슨 말인지 알겠어요! 차라리 제가 먼저 그만두지요. 그럼 조심해서 잘 가세요."

손오공은 삼장법사에게 쏘아붙이듯 말하며 근두운에 올라탔습니다. 그리고 어디론가 바람처럼 사라졌습니다. 삼장법사는 그렇게 손오공과 헤어진 것이 못내 아쉬웠습니다.

"아, 나는 아직 수양이 부족해 제자를 둘 자격이 없구나……."

삼장법사는 쓸쓸한 표정을 지으며 손오공이 내동댕이친 짐을 말잔등에 얹었습니다. 그리고는 곧 말고삐를 끌며 터벅터벅 걷기 시작했습니다.

얼마 뒤, 삼장법사는 길에서 무명옷과 금테가 둘러진 꽃모자를 들고 있는 노파를 만났습니다. 노파가 삼장법사에게 물었습니다.

"혼자 어디에 가시는 길입니까, 스님?"

"어르신, 저는 지금 불경을 가지러 천축으로 가는 중입니다.”

“뭐라고요? 천축은 여기서 10만 8,000리나 떨어진 먼 길입니다. 그런데 그 길을 시중드는 제자 하나 없이 홀로 가신다니 안됐군요.”

“어쩌다 보니 그렇게 되었습니다, 어르신. 실은 방금 전까지 제자가 있었는데, 제가 좀 나무랐더니 도망쳐 버렸답니다.”

“그랬군요. 한데 그 제자는 어느 쪽으로 달아났나요?”

“글쎄요, 동쪽으로 사라지기는 했는데….”

“그거 잘됐군요. 이 몸도 마침 동쪽으로 가는 길이랍니다. 제가 그 제자를 만나면 어서 스님한테 돌아가라고 이야기하지요.”

노파는 들고 있던 무명옷과 금테가 둘러진 꽃모자를 삼장법사에게 건네며 말을 이었습니다.

“스님, 제자가 돌아오거든 이 옷을 입히고 이 모자를 씌우세요. 그리고 제가 알려 드리는 주문을 외우면 제자가 앞으로 말을 아주 잘 들을 겁니다.”

“그 말씀이 정말입니까? 고맙습니다, 어르신.”

노파는 삼장법사에게 이상한 주문을 들려주었습니다. 그런 뒤 한 줄기 빛이 되어 눈 깜짝할 새 동쪽으로 날아갔습니다. 그제야 삼장 법사는 무릎을 탁 쳤습니다.

"아아, 관세음보살님이셨구나!"

삼장법사는 얼른 동쪽을 향해 기도를 올렸습니다.

한편, 그 무렵 손오공은 동해 용왕을 찾아갔습니다. 손오공은 화가 덜 풀린 목소리로 동해 용왕에게 삼장법사에 관해 이야기했습니다. 그러자 동해 용왕이 점잖게 충고했습니다.

"천축으로 불경을 가지러 가는 고귀한 분의 가르침을 소홀히 하다니요. 자칫 하찮은 요괴로 일생을 살아야 할지도 모릅니다."

그 말에 손오공은 깜짝 놀라 삼장법사에게 돌아가기로 마음먹었습니다. 손오공은 당장 근두운을 타고 삼장법사를 쫓아갔습니다.

얼마쯤 갔을까요? 멀리 고개를 떨군 채 쓸쓸히 바위 위에 앉아 있는 삼장법사의 모습이 보였습니다.

"스승님, 제가 돌아왔어요!"

삼장법사는 다시 제자를 만나게 되어 몹시 기뻤습니다. 삼장법사는 손오공에게 잘 돌아왔다고 칭찬한 다음 관세음보살이 준 무명옷을 입히고 꽃모자를 쓰게 했습니다. 그리고 배운 대로 주문을 외우자, 금테가 둘러진 꽃모자를 쓴 손오공이 고통스러워하며 비명을 질러댔습니다.

손오공은 극심한 고통을 견디지 못해 이리저리 뒹굴며 꽃모자를 찢어 버리려고 했습니다. 하지만 소용없는 일이었습니다. 꽃무늬의 천만 찢겨져 나갈 뿐, 금테는 더욱 세게 옥죄어들었습니다.

잠시 뒤, 삼장법사가 주문을 그쳤습니다. 그러자 그 틈을 놓치지 않고 손오공이 화를 내며 삼장법사에게 덤벼들었습니다. 삼장법사는 화들짝 놀라 또다시 주문을 외웠습니다.

"안 돼요, 안 돼! 스승님, 용서해 주세요! 다시는 못된 짓을 하지 않을게요. 제발 주문을 멈춰 주세요!"

결국 손오공은 삼장법사의 말이라면 뭐든지 따를 수밖에 없었습니다. 손오공은 신기한 금테를 머리에 쓴 채 말고삐를 잡고 앞장서 걷기 시작했습니다.   *오승은 지음(부분 발췌)

[알쏭달쏭 복습하기]

'안 되다'일까, '안되다'일까?

- 우리 모두 거짓말을 하면 (1.안 됩니다 2.안됩니다).

- 불쌍한 사람들을 보면 마음이 참 (1.안 됐어 2.안됐어).

- 열심히 노력했지만 일이 잘 (1.안 됐습니다 2.안됐습니다).

- 누군들 장사가 (1.안 되기를 2.안되기를) 바라겠어요?

- 그 사람 사정이 (1.안 됐기 2.안됐기)는 하지만 용서할 수 없어.

*정답 ; 1, 2, 1, 1, 2

[재미난 이야기 한 걸음 더]

인도로 가는 길

삼장법사는 중국 수나라에서 당나라 시대에 걸쳐 살았던 실존 인물입니다. 그는 실제로 불교가 처음 일어난 천축(인도)까지 가서 깊은 교리를 터득하고 돌아왔습니다.

당시 중국에서 천축까지 오가는 데 걸린 시간은 자그마치 14년. 삼장법사는 그 여행에서 보고 들은 내용을 기록으로 남겼는데, 그것을 바탕으로 오늘날 여러분이 읽는 『서유기』가 탄생했습니다.

『서유기』는 어린이들에게 '손오공'이라는 동화책으로 잘 알려진 명작입니다. 작품 속에는 삼장법사와 여러 가지 신통력을 지닌 손오공, 저팔계, 사오정 등이 등장합니다. 그와 같은 괴상한 등장인물들이 작품을 읽는 내내 한순간도 흥미를 잃지 않게 합니다.

'하릴없다'와 '할 일 없다'

'하릴없다'는 '어떻게 할 도리가 없다', '조금도 틀림이 없다'라는 의미입니다. 그와 달리 '할 일 없다'는 말 그대로 할 일이 없다는 뜻이고요.

★☆ 아차! 실수로 목숨 잃은 점쟁이

조선 명종 때 홍계관이라는 용한 점쟁이가 살았습니다. 그가 백발백중 점을 잘 본다는 소문은 궁궐에까지 전해졌지요. 임금은 그 재주가 궁금해 홍계관을 불러 직접 시험해 보기로 했습니다.

며칠 뒤, 홍계관은 전혀 긴장하는 기색 없이 임금 앞에 섰습니다.

"네가 정말 신통한 점쟁이인지, 아니면 할 일 없이 빈둥거리다가 얕은꾀로 백성들을 속이는 사기꾼인지 알아봐야겠다. 만약 네 재주가 거짓이라면 큰 벌을 내릴 것이다."

임금은 신하를 시켜 작은 궤짝 하나를 가져오도록 했습니다. 그리고 홍계관에게 그 안에 무엇이 들어 있는지 물었지요.

"생쥐입니다."

임금은 홍계관의 대답에 고개를 끄덕였습니다. 하지만 그
것으로 끝이 아니었습니다. 임금의 시험이 한 가지 더 남아
있었습니다.

"그럼 이 궤짝 안에 몇 마리의 생쥐가 들어 있느냐?"

"세 마리입니다."

그러자 임금은 얼굴을 찌푸리며 소리쳤습니다.

"고얀 놈! 용케 생쥐가 들어 있는 걸 알아채는구나 했더니,
네 재주가 다 거짓이었구나! 이 궤짝에는 한 마리의 생쥐가
들어 있을 뿐이다."

결국 홍계관은 백성들을 속인 죄로 하릴없이 사형을 당하
게 되었습니다.

그런데 그가 노량진에 있는 형장으로 끌려간 뒤, 임금은 번
뜩 이상한 생각이 들었습니다. 임금은 혹시나 하는 마음에 생
쥐의 배를 갈라보도록 했습니다. 그러자 글쎄, 생쥐의 뱃속에
새끼가 2마리 들어 있지 뭡니까!

임금은 당장 신하를 노량진으로 보내 사형 집행을 멈추도
록 했습니다. 신하는 말을 달려 형장에 다다를 무렵 홍계관을
죽이지 말라는 뜻으로 팔을 내저었습니다.

그런데 형장에 있던 병사들은 멀리서 급히 달려오며 내젓
는 손짓을 서둘러 사형을 집행하라는 신호로 받아들였습니

다. 그 바람에 홍계관은 더욱 빨리 목숨을 잃고 말았지요.

그 소식을 전해들은 임금은 자신의 섣부른 판단을 후회했습니다.

"아차! 나의 실수로 용한 점쟁이가 억울하게 죽었구나….."

그 후 백성들은 홍계관이 죽음을 맞이한 노량진의 고개를 '아차고개'라고 불렀습니다. *한국 지명의 유래

[알쏭달쏭 복습하기]

'하릴없다'일가, '할 일 없다'일까?

- 내 잘못이니 원망을 들어도 (1.하릴없는 2.할 일 없는) 일이야.
- 비를 맞은 네 꼴이 (1.하릴없이 2.할 일 없이) 물에 빠진 생쥐 같구먼.
- 그렇게 공부를 게을리 하면 (1.하릴없이 2.할 일 없이) 시험을 망칠 수밖에 없어.
- 많은 사람들 앞에 나서면 (1.하릴없이 2.할 일 없이) 긴장됩니다.
- 만날 (1.하릴없이 2.할 일 없이) 빈둥거리느니 책이라도 읽어라.

*정답 : 1, 1, 1, 1, 2

[재미난 이야기 한 걸음 더]

사육신 묘

노량진에 위치한 아차고개를 지나면 사육신 묘가 있습니다. 사육신이란, 단종을 폐위시키고 왕위에 오른 수양대군에 맞서 저항하다가 목숨을 잃은 신하들을 말합니다. 성삼문, 박팽년, 하위지, 이개, 유성원, 유응부, 김문기가 그들이지요.

당시 사육신은 몸이 찢기는 고통 속에서도 끝내 세조가 된 수양대군을 임금으로 인정하지 않았습니다. 그들은 단종에 대한 충성을 부르짖으며 기꺼이 참담한 죽음을 받아들였지요. 그래서 죽을 사(死)자를 붙여 사육신이라고 일컫는 것입니다.

사육신은 오랫동안 말 그대로 6명이었습니다. 그 후 1982년 국사편찬위원회의에서 뒤늦게 김문기를 추가해 7명이 되었지요. 하지만 사육신을 사칠신이라고 바꿔 부르지는 않기로 했답니다.

'너머'와 '넘어'

'너머'는 어떤 장애물이나 경계에 가로막힌 건너편을 일컫는 명사(이름씨) 입니다. '넘어'는 그와 달리 어떤 장애물이나 경계 따위를 지나가는 것을 일 컫는 동사(움직씨)입니다.

★☆ 고양이 목에 방울 달기

어느 집 헛간에 쥐들이 모여 회의를 열었습니다. 무슨 까닭 인지 쥐들은 두려움에 벌벌 떨고 있었습니다.

우두머리 쥐가 심각한 표정을 지으며 앞으로 나섰습니다. 우두머리 쥐는 누가 들을세라 한껏 목소리를 낮추어 말했습 니다.

"어젯밤에도 사랑채 너머 하수구에 사는 내 친구가 고양이 에게 목숨을 잃었어. 언제까지 이렇게 살아야 하는지, 원. 이 대로 가다가는 우리 모두 고양이 밥이 되고 말 거야."

쥐들은 그 말에 어쩔 줄 몰라 하며 허둥거렸습니다. 우두머 리 쥐가 몇 번이나 주의를 주고 나서야 가까스로 쥐들은 마음 을 가라앉혔습니다.

"아, 고양이의 위협에서 벗어날 수 있는 방법이 없을까?"

우두머리 쥐는 긴장한 듯 마른침을 꿀꺽 삼키며 다른 쥐들에게 물었습니다. 그러자 몇몇 쥐들이 앞으로 나서며 자기의 생각을 말했습니다.

"툇마루 밑에 사는 멍멍이에게 도와달라고 하면 어떨까요?"

"그건 안 돼요. 개가 우리를 도와줄 리 없어요. 차라리 우리가 앞산 너머로 이사를 가는 편이 나아요."

"그것도 안 돼요. 그 곳에는 이미 들쥐들이 살고 있잖아요. 우리 모두 높은 산을 안전하게 넘어가는 것도 쉬운 일이 아니고요."

쥐들은 한참 머리를 맞대고 끙끙거렸지만 좀처럼 좋은 생각이 떠오르지 않았습니다. 누가 어떤 의견을 내놓으면 곧 다른 쥐들이 그것의 문제점을 지적했습니다.

"휴, 이 노릇을 어떡해….."

실망한 우두머리 쥐가 고개를 푹 숙인 채 한숨을 내쉬었습니다. 그 때, 어린 쥐 한 마리가 갑자기 큰 소리로 외쳤습니다.

"고양이 목에 방울을 달면 어떨까요? 그러면 고양이가 우리에게 다가올 적마다 딸랑딸랑 방울소리가 날 테니 재빨리 도망갈 수 있을 거예요."

어린 쥐의 꾀에 헛간에 모인 쥐들이 환호성을 내질렀습니다. 그 소리가 헛간 문지방을 넘어 어둠이 깔린 마당까지 울려 퍼진 탓에 자칫 잠든 고양이를 깨울 뻔했습니다. 그만큼 쥐들의 기쁨이 컸던 것입니다.

우두머리 쥐는 조용히 하라며 황급히 손사래를 쳤습니다. 그리고는 기발한 방법을 생각해낸 어린 쥐를 칭찬해 주었습니다.

그 순간 내내 잠자코 있던 늙은 쥐가 안타까운 목소리로 물었습니다.

"고양이 목에 방울을 단다, 거참 좋은 생각이로군. 그런데 누가 그 일을 하지?"

늙은 쥐의 물음에 헛간 안은 쥐 죽은 듯 침묵에 잠겼습니다. 그랬습니다. 정말 중요한 것은 위험을 무릅쓰고 누가, 어떻게 고양이 목에 방울을 다느냐 하는 문제였습니다.

*「이솝우화」 중에서

[알쏭달쏭 복습하기]
'너머'일까, '넘어'일까?
- 저 고개 (1.너머 2.넘어) 나의 고향집이 있습니다.
- 창문 (1.너머 2.넘어) 개나리꽃이 활짝 피어 있구나.
- 해지기 전에 그 곳에 도착하려면 산을 (1.너머 2.넘어) 달려가야 합니다.

-저기 언덕 (1.너머 2.넘어) 우리 학교가 있습니다.

-도둑이 담을 (1.너머 2.넘어) 들어온 것이 확실하니?

*정답 ; 1, 1, 2, 1, 2

[재미난 이야기 한 걸음 더]

이솝이 지은 우화 모음집

전 세계 어린이들이 즐겨 읽는『이솝우화』는 고대 그리스에 살았던 노예 이야기꾼 이솝의 우화 모음집입니다. 여기서 '우화'란, 동물이나 식물이 인간처럼 느끼고 행동하게 하면서 그 안에 교훈적인 내용을 담은 이야기를 말합니다.

오늘날 우리가 접하는『이솝우화』는 이솝이 직접 책으로 만들지 않았습니다. 그것은 14세기 무렵 플라누데스 수사가 이런저런 자료를 바탕으로 엮은 것으로 알려져 있습니다.

그런데『이솝우화』에는 많은 세월이 흐른 만큼 애당초 이솝이 창작하지 않은 내용도 상당수 기록되어 있습니다. 그 중에는 인도 등에서 전해지는 옛이야기도 포함되어 있습니다.

우리나라에『이솝우화』가 처음 소개된 것은 1895년 무렵이었습니다. 당시 출판된 최초의 신식 교과서에 7편이 실렸다고 합니다.

'매다'와 '메다'

'매다'는 끈이나 줄 따위의 두 끝을 걸고 당겨 풀어지지 않게 마디를 만드는 것을 말합니다. '메다'는 어깨에 걸치거나 올려놓는 것, 책임을 지거나 임무를 맡는 것, 어느 곳이 묻히거나 막히는 것 등을 말합니다.

★☆ 홍길동전

세월이 흘러, 청년이 된 홍길동이 어머니에게 물었습니다.

"어머니, 저는 왜 아버지를 아버지라고 형을 형이라고 부르지 못하나요?"

어머니는 아들의 물음에 차마 아무런 대답도 하지 못했습니다. 그저 고개를 돌린 채 하염없이 흐느낄 따름이었습니다.

홍길동의 어머니는 양반집 종이었습니다. 그래서 비록 아버지가 양반이었지만 서자 취급을 받았던 것입니다.

게다가 아버지의 첩이 어머니를 미워해 사사건건 괴롭힘을 당했습니다. 심지어 그 첩은 사람을 시켜 홍길동을 해치려고 한 적도 있었습니다. 이런저런 이유로 홍길동은 더 이상 집에 머물 수 없다고 생각했습니다.

며칠 후, 홍길동은 마침내 아버지를 찾아갔습니다. 그는 정중히 절을 한 다음 북받쳐 오르는 슬픔을 참으며 말했습니다.

"대감마님, 이제 저는 집을 떠날 때가 된 듯합니다. 몸 건강히 오래오래 사세요."

서자로 차별받는 아들의 작별 인사에 아버지는 목이 메어 눈물만 글썽거렸습니다. 그러더니 뭔가를 작심한 듯 떨리는 목소리로 간신히 입을 열었습니다.

"길동아, 나를 아버지라고 한번 불러 보거라."

그 말에 홍길동은 그동안 참아왔던 설움이 한꺼번에 폭발했습니다.

"아, 아버지! 아버지!"

"오냐, 불쌍한 내 아들아…."

그렇게 홍길동은 아버지를 부르며 목놓아 울었습니다. 아버지에게 작별 인사를 마친 홍길동은 그 길로 어머니를 찾아가 자신의 결심을 이야기했습니다. 집을 떠나겠다는 아들 앞에서 어머니는 말없이 눈물만 흘렸습니다.

이튿날 새벽, 홍길동은 괴나리봇짐을 메고 조용히 집을 나섰습니다. 그리고 마을을 벗어나자마자 험한 산길로 접어들었습니다. 얼마쯤 길을 걷자, 눈앞에 도적의 소굴이 보였습니다. 홍길동은 겁도 없이 성큼성큼 그 안으로 들어섰습니다.

"웬 놈이냐? 감히 여기가 어디라고 함부로 들어왔느냐!"

험상궂게 생긴 도적들이 금세 홍길동을 발견하고 앞을 가로막았습니다. 그런데 그들은 왠지 모를 홍길동의 기세에 눌려 섣불리 공격을 하지 못했습니다.

그 순간 홍길동이 곁에 있던 커다란 바위를 번쩍 들어올렸습니다. 그 모습을 본 도적들은 누가 먼저라고 할 것도 없이 모두 땅바닥에 엎드려 머리를 조아렸습니다.

그들 중 한 사람이 용기를 내 이야기했습니다.

"대단하신 분을 몰라본 죄를 용서하십시오. 그리고 저희의 우두머리가 되어 주십시오." "그래, 좋다. 힘없는 사람들을 괴롭히는 도적이 아니라 정의를 위해 싸우는 의적의 우두머리가 되어 주마!"

그렇게 부하들을 거느리게 된 홍길동은 함경도 감사를 혼내 주기로 했습니다. 함경도 감사가 백성들을 못살게 굴며 재물을 빼앗는다는 소문이 들려왔기 때문입니다.

홍길동은 한달음에 함경도로 달려가 관청에 숨어들었습니다. 그리고 포졸들의 눈을 피해 불을 질렀습니다.

"불이야, 불! 모두 나와 불을 꺼라!"

함경도 감사와 포졸들은 모두 불을 끄느라 정신없었습니다. 그 틈에 홍길동은 관청 밖에서 기다리던 부하들을 불러 명령했습니다.

"너희들은 어서 창고를 열어라! 그리고 그 안에 산더미처럼 쌓여 있는 곡식과 재물을 백성들에게 골고루 나눠 주어라!"

오랫동안 굶주림에 고통 받던 함경도 백성들은 곡식과 재물을 받아들고 기뻐했습니다. 홍길동은 멀리서 그 모습을 지켜보며 흐뭇한 표정을 지었습니다.

잠시 뒤, 창고가 텅 빈 것을 알게 된 함경도 감사는 화가 치밀어 버럭버럭 소리를 내질렀습니다.

"도적들이 내 곡식과 재물을 전부 빼앗아 갔다. 어서 놈들을 잡아오너라!"

하지만 포졸들 실력으로 홍길동을 잡는 것은 어림없는 일이었습니다. 홍길동은 호랑이로, 사슴으로 변신술을 써 가며 손쉽게 포졸들을 따돌렸습니다.

홍길동이 부하들 앞에 서서 외쳤습니다.

"이제 우리를 활빈당이라고 부르자! 못된 관리들이 빼앗은 곡식과 재물을 가난한 백성들에게 돌려주자!"

홍길동의 말에 부하들은 신이 나서 함성을 질렀습니다. 그들은 날이 갈수록 슬기롭고 용기 있는 홍길동을 더욱더 믿고 따랐습니다.

그로부터 며칠 뒤, 홍길동은 볏짚을 이리저리 꼬고 매어 인형 일곱 개를 만들었습니다. 그리고 주문을 외자, 놀랍게도 인형들이 모두 홍길동의 모습으로 변했습니다.

그렇게 세상에는 진짜 홍길동까지 포함해 여덟 명의 홍길동이 돌아다니게 되었습니다. 여덟 명의 홍길동들은 전국으로 흩어져 못된 관리들을 혼내 주었습니다.

"홍길동은 하룻밤에도 동에 번쩍 서에 번쩍 한다는군."

백성들은 홍길동에 관한 소문이 들려올 적마다 신바람이 났습니다. 그러나 부패한 관리들은 언제 홍길동이 나타날지 몰라 두려움에 벌벌 떨었습니다. *허균 지음(부분 발췌)

[알쏭달쏭 복습하기]

'매다'일까, '메다'일까?

– 하수도가 (1.매어 2.메어) 물이 잘 내려가지 않습니다.

– 가슴이 (1.매어 2.메어) 아무 말도 못하겠어요.

– 한복을 입을 때는 발목에 대님을 (1.매야 2.메야) 합니다.

– 어서 죄인을 형틀에 (1.매고 2.메고) 곤장을 내리쳐라!

– 총을 (1.맨 2.멘) 군인들이 거리를 행군하고 있습니다.

*정답 ; 2, 2, 1, 1, 2

[재미난 이야기 한 걸음 더]

『홍길동전』에 관한 몇 가지 이야기

– 『홍길동전』은 조선시대에 허균이 지은 소설입니다. 많은 학자들이 최초의 한글 소설로 인정하고 있습니다.

– 『홍길동전』은 조선 사회의 모순을 비판한 작품입니다. 실

제로도 허균은 광해군의 잘못된 정치에 저항하며 반란을 계획하다가 능지처참을 당했습니다.

- 허균은 조선 중기의 천재 여류 시인 허난설헌의 동생입니다. 허난설헌의 시는 그 무렵 중국과 일본에까지 알려져 많은 사람들의 사랑을 받았습니다.
- 서울특별시 용산구에 위치한 국립중앙박물관에 가면 조선시대에 씌어진 『홍길동전』을 볼 수 있습니다. 한편 전라남도 장성군에서는 주인공 홍길동이 실존 인물이었다는 기록을 바탕으로 생가 터를 복원해 놓았습니다.

'드러내다'와 '들어내다'

'드러내다'는 '드러나게 하다'의 뜻입니다. '들어내다'는 '물건을 들어서 밖으로 옮기다' 또는 '사람을 있는 자리에서 쫓아내다'라는 의미입니다.

★☆ 궁예의 한탄

후삼국시대에 궁예라는 사람이 살았습니다. 그는 훗날 후고구려의 왕이 되었는데, 성질이 무척 난폭해 신하들의 잘못을 절대 용서하지 않았습니다. 심지어 사소한 실수까지 드러내 목숨을 빼앗는 일도 흔하게 일어났습니다.

그래서 참다못한 신하들이 죽을 각오로 용기를 내어 항의했습니다.

"더 이상 폐하를 임금으로 모실 수 없습니다. 그만 왕위에서 물러나시지요."

하지만 궁예는 그 말에 콧방귀도 뀌지 않았습니다.

"흥, 어림없는 소리! 내게 임금 자리를 내놓으라고? 혹시 강가 돌에 좀이라도 슬면 모를까, 그럴 일은 결코 없을 것이다."

신하들은 궁예의 억지에 할 말을 잃었습니다.

그런데 며칠 후, 신하들이 다시 궁예를 찾아갔습니다. 그들은 표면에 구멍이 숭숭 뚫린 시커먼 돌멩이들을 내보이며 말했습니다.

"폐하, 이것은 강에 있는 돌들입니다. 강가뿐만 아니라 강물 깊숙한 곳에서도 들어내 가져왔지요. 한데 보시다시피 모두 좀이 슬어 엉망이잖습니까?"

사실 그 돌들은 원래 생김새가 그런 현무암이었습니다. 하지만 당시 사람들은 그런 돌을 처음 보았지요. 돌 전체에 구멍이 숭숭 뚫린 것이, 언뜻 보면 좀이 슬었다고 착각할 만했습니다.

신하들은 일전에 궁예가 한 이야기를 떠올리며 다시 왕위를 내놓으라고 말했습니다. 모든 신하들이 힘을 합쳐 다그치는 바람에 포악한 성품의 궁예도 어찌 할 바를 몰랐습니다.

"아, 이렇게 내 운명이 다하는가 보구나…."

궁예는 그 길로 궁궐을 나와 신하들이 이야기한 강에 가 보았습니다. 과연 강 곳곳에 그와 같은 돌멩이들이 널려 있었습니다.

"휴!"

궁예는 하늘을 올려다보며 크게 한숨을 내쉬었습니다. 그리고 강가에 털썩 주저앉아 자신의 신세를 한탄했습니다.

그 일이 있은 뒤, 사람들은 그 강을 한탄강이라고 불렀습니다. 그로부터 얼마 지나지 않아 궁예는 결국 왕위에서 물러나게 되었습니다. *한국 지명의 유래

[알쏭달쏭 복습하기]

'드러내다'일까, '들어내다'일까?

- 쓸모없는 짐을 다 (1.드러내니까 2.들어내니까) 방이 한결 넓어 보이네.
- 그 사람은 머지않아 본색을 (1.드러낼 2.들어낼) 것입니다.
- 너는 하얀 이를 (1.드러내고 2.들어내고) 웃는 모습이 참 예뻐.
- 모르는 사람에게 속마음을 쉽게 (1.드러내는 2.들어내는) 이유가 뭐야?
- 작은 것을 다 (1.드러냈으니까 2.들어냈으니까) 큰 것만 남았잖아.

*정답 ; 2, 1, 1, 1, 2

[재미난 이야기 한 걸음 더]

한반도의 구석기 문화

신석기시대에 앞선 선사시대를 구석기시대라고 합니다. 대

략 70만 년~1만 년 전에 해당하는 시기로 보고 있지요. 구석기시대에는 동물을 사냥하거나 식물을 채집해 생활했습니다. 아울러 돌을 깨뜨려 간단한 도구를 만들기도 했습니다.

우리가 사는 한반도에도 구석기 문화가 존재했습니다. 경기도 연천군 전곡읍 전곡리 일대는 잇따른 구석기 유물의 출토로 세계 고고학계의 주목을 받아 왔습니다. 한탄강이 감싸고 흐르는 그 지역은 연대가 무려 60만 년 전으로 거슬러 올라가는 현무암 지대이며, 그 위에 강물이 만들어낸 퇴적토가 덮여 있지요. 바로 그 퇴적토에서 구석기시대의 유물이 잇따라 발견되었답니다.

전곡리의 구석기 유적지는 11차례에 걸쳐 발굴 작업을 벌였습니다. 지금까지 채집된 석기 유물만 4,000여 점에 이를 정도지요. 그것은 한반도의 차원을 넘어 전 세계 구석기 문화 연구에 큰 획을 긋는 중요한 계기가 되었습니다.

'반드시'와 '반듯이'

'반드시'는 '틀림없이', '꼭'이라는 의미입니다. '반듯이'는 '반듯하게'라는 뜻이고요. 참고로, 사람의 생각이나 행동 따위가 비뚤어지지 않고 바른 경우에도 '반듯하다'라는 표현을 쓸 수 있습니다.

★☆ 전쟁과 평화

나폴레옹이 이끄는 프랑스군은 잇따라 러시아군을 물리치며 모스크바를 향해 전진했습니다. 사실 프랑스군은 오래 전부터 추위와 굶주림에 시달리고 있었습니다. 하지만 머지않아 모스크바를 함락시키면 전쟁이 끝날 것이라는 기대감에 마지막 힘을 다 쏟아붓고 있었습니다.

"이제 모스크바가 얼마 남지 않았다. 조금만 더 고생하면 고향으로 돌아갈 수 있다!"

"우리 위대한 프랑스군은 반드시 러시아를 정복할 것이다!"

러시아군은 프랑스군을 당해내지 못해 후퇴를 거듭했습니다.

러시아 귀족들은 보로디노 전투가 끝난 무렵부터 프랑스군의 위력에 혀를 내둘렀습니다. 그런 까닭에 러시아 귀족들은 앞다투어 모스크바를 내팽개친 채 도망갈 계획을 세우기에 바빴습니다. 재산이고 뭐고 우선 목숨을 구하는 것이 중요했기 때문입니다.

러시아 귀족들 중에는 나폴레옹에게 호감을 가진 사람이 적지 않았습니다. 나아가 그를 영웅으로 떠받들기까지 했습니다.

하지만 프랑스와 적이 되어 싸우다 보니 사정이 완전히 달라졌습니다. 나폴레옹에게 좋은 감정을 갖는 것과 그가 이끄는 프랑스군의 지배를 받는 것은 전혀 다른 문제였습니다. 어느 경우든 다른 나라 병사들에게 나라를 짓밟히는 것은 치욕스러운 일이었습니다.

러시아 국민들은 그 어느 도시보다 모스크바를 자랑스러워했습니다. 그런데 러시아의 자존심이라고 할 만한 모스크바를 귀족들이 버리고 떠나자, 그 곳은 한순간에 아수라장이 되었습니다. 귀족들의 비겁함에 화가 치민 가난한 평민들은 호화로운 저택 등을 마구 때려 부수며 도시 전체를 엉망으로 만들었습니다. 그것이 그들이 울분을 달랠 유일한 방법인 듯했습니다.

대부분의 귀족들은 프랑스군이 모스크바 시내로 들어오기 며칠 전부터 이미 보이지 않았습니다. 로스토프 백작 가족은 군대에 가 있는 니콜라이와 페탸 때문에 선뜻 모스크바를 떠나지 못했습니다.

"내 아들들은 반드시 살아 돌아올 거야. 그 때 우리가 없으면 얼마나 실망할까…."

로스토프 백작 부인은 두 아들이 걱정되어 잠도 제대로 자지 못할 지경이었습니다. 하지만 그들 역시 뒤늦게나마 짐을 꾸릴 수밖에 없었습니다.

로스토프 백작 가족이 떠난 날, 모스크바는 마침내 프랑스 군에게 점령당하고 말았습니다. 나폴레옹은 병사들을 이끌고 의기양양하게 모스크바 시내로 들어왔습니다. 그런데 왠지 그의 표정이 밝지 않았습니다.

나폴레옹은 평소 모스크바에 대한 기대가 무척 컸습니다. 모스크바가 수많은 문화유산을 갖고 있는 러시아의 보물이라고 믿어 의심치 않았기 때문입니다.

아울러 모스크바에는 자신을 흠모하는 귀족들이 많다는 것도 잘 알고 있었습니다. 그런 까닭에 나폴레옹은 여느 때보다 더욱 반듯한 자세로 말안장에 앉아 주위를 휘둘러보았습니다. 그의 표정에는 기대감과 설렘이 가득 깃들어 있었습니다.

그런데 나폴레옹이 실제로 마주한 모스크바는 그동안 상상해 오던 모습이 아니었습니다. 귀족들이 줄지어 서서 자신을 환영하기는커녕, 도시 전체가 쥐 죽은 듯 고요해 을씨년스럽기까지 했습니다. 나폴레옹은 모스크바의 풍경에 실망감을 감추지 못했습니다.

"모스크바가 이렇게 폐허처럼 적막하다니…. 아, 더 이상 이 곳에 머물고 싶지 않구나."

나폴레옹은 그 날 밤 모스크바 시내를 떠났습니다. 말머리를 돌려 멀찌감치 떨어져 있는 프랑스군의 다른 부대로 향했던 것입니다.

나폴레옹이 떠나고 나자, 몸과 마음이 지친 프랑스 병사들은 여기저기 아무렇게나 널브러졌습니다. 그들에게서 군인다운 반듯한 모습은 조금도 찾아볼 수 없었습니다. 초라한 몰골의 그들은 누가 보아도 전혀 점령군답지 않았습니다. 매서운 추위와 굶주림, 오랜 전쟁으로 쌓인 피로가 그들을 그렇게 만든 것이었습니다.

게다가 프랑스군은 하루가 멀다 하고 치열한 전투를 치르면서 매우 거칠어져 있었습니다. 그들은 미친 듯 모스크바를 마구 약탈하기 시작했습니다. 프랑스군이 훑고 지나간 모스크바 거리에는 깨진 유리창과 짓밟힌 물건들만 나뒹굴어 황량함을 더했습니다.

*톨스토이 지음(부분 발췌)

'반드시'일까, '반듯이'일까?

– 그 방은 좁기 때문에 몸을 (1.반드시 2.반듯이) 뉘어야
해.

– 상자 안에 물건을 (1.반드시 2.반듯이) 쌓아야 많이 넣을
수 있어요.

– 이번에는 (1반드시 2.반듯이) 우등생이 되고 말 거야.

– 그 분은 항상 몸가짐을 (1반드시 2.반듯이) 하신단다.

– 학교에 갈 때는 (1.반드시 2.반듯이) 준비물을 잘 챙겨야
합니다.

*정답 ; 2, 2, 1, 2, 1

[재미난 이야기 한 걸음 더]

"나의 사전에 불가능이란 없다!"

프랑스 황제의 자리에까지 오른 나폴레옹은 행복하지 못한
성장기를 보냈습니다. 그는 어린 시절 친구가 거의 없어 무척
외로웠지요. 코르시카라는 섬 출생으로 '촌놈' 취급을 받아 아
무도 어울리려 하지 않았거든요.

게다가 나폴레옹은 작은 키에 외모도 보잘것없었습니다.
집안 역시 내세울 것이 없었고요.

하지만 나폴레옹에게는 남다른 패기가 있었습니다. 한번은

짓궂은 친구가 나폴레옹의 작은 키를 보고 비아냥거렸지요. 그러자 나폴레옹은 당당한 목소리로 "내 키는 땅에서 재면 작지만, 하늘에서 재면 너보다 훨씬 크지."라고 말했습니다.

바로 그런 패기 덕분에 나폴레옹은 프랑스 군대를 이끌고 유럽 대륙을 점령해갈 수 있었습니다. 그는 험난한 알프스 산맥을 넘을 때도 "나의 사전에 불가능이란 없다!"고 외쳤지요.

'이따가'와 '있다가'

'이따가'는 '시간이 조금 지난 뒤'를 의미하는 말입니다. '있다가'는 어느 장소에 '머물렀다가'라는 뜻을 담고 있습니다.

★☆ 이룰 수 없는 사랑

서울특별시 종로구 명륜동 성균관대학교 정문에서 부엉바위 쪽으로 올라가는 가파른 고갯길을 '정고개'라고 합니다. 그곳이 정고개로 불리게 된 유래는 조선시대로 거슬러 올라가지요.

당시 고개 너머 마을에 아리따운 아가씨가 살고 있었습니다. 그런데 아가씨의 부모가 양반집 종이라, 그녀 역시 신분이 노비였지요. 조선시대에는 부모의 신분을 자식이 그대로 물려받았으니까요.

어느 날, 아가씨가 마을 우물에서 물을 길어 집으로 돌아가는 길이었습니다. 마침 공부에 지친 한 유생이 머리를 식히러 우물가 근처에 산책 나와 있다가 그녀를 보았지요. 순간 유생의 낯빛이 발그레해졌습니다.

"아, 저렇게 아름다운 아가씨가 있다니…."

아가씨를 보고 한눈에 반한 사람은 안윤이라는 유생이었습니다. 그는 성균관에서 공부하며 과거 시험을 준비하는 중이었지요.

그 날 이후 안윤의 머릿속은 온통 그 아가씨 생각으로 가득 찼습니다. 심지어 꿈속에서도 그녀의 모습이 잊혀지지 않았답니다.

몇 날 며칠 상사병을 앓던 안윤은 용기를 내어 아가씨를 찾아가 사랑을 고백했습니다. 다행히 아가씨도 안윤의 의젓한 성품에 호감을 느꼈지요. 그렇게 시작된 두 사람의 사랑은 하루가 다르게 깊어 갔습니다. 두 사람은 곧 결혼을 약속하기에 이르렀습니다.

"낭자, 사랑하오. 이따가 성균관 수업이 끝 난 뒤 낭자의 부모님을 만나 뵙겠소."

"도련님…."

그러나 조선시대에 양반과 노비의 사랑은 철저히 금지되어 있었습니다. 그것은 때로 목숨을 내놓아야 할 만큼 위험한 사랑이었지요. 얼마 지나지 않아 두 사람의 관계는 양반집에 알려졌고, 주인은 자신의 명예를 더럽혔다며 아가씨에게 스스로 목숨을 끊으라고 강요했습니다. 지금 생각하면 어처구니없는 노릇이지만 당시에는 그런 일이 드물지 않았지요.

그로부터 며칠 후, 아가씨는 부엉바위 아래 고갯길에서 목을 맸습니다. 그녀는 그렇게 해야만 안윤의 앞길을 가로막지 않을 것이라고 믿었지요. 하지만 그 사실을 전해들은 안윤은 가슴이 미어지는 슬픔에 눈물을 그치지 못했습니다.

"낭자, 왜 그런 짓을 했소! 낭자 없는 세상에 나 혼자 더 살아 무엇 하오…."

안윤은 아가씨에 대한 그리움을 견디다 못해 끝내 나무에 목을 매고 말았습니다. 죽음으로써 그녀의 뒤를 따랐던 것입니다.

그 뒤, 두 사람의 사연을 아는 마을 사람들은 그 고개를 정고개라고 불렀습니다. 정고개란 이름에 이룰 수 없는 사랑에 대한 측은함을 담았지요. 정고개 너머 마을도 그 때부터 '정골'이라고 일컬어졌습니다.　　　　　　　*한국 지명의 유래

[알쏭달쏭 복습하기]
'이따가'일까, '있다가'일까?
－ 우리 (1. 이따가 2. 있다가) 같이 야구 시합하지 않을래?
－ 여기 (1. 이따가 2. 있다가) 집으로 돌아가렴.
－ 그 문제는 (1. 이따가 2. 있다가) 우리끼리 이야기하자.
－ 대기실에 (1. 이따가 2. 있다가) 차가 도착하면 나가야 합니다.

– 이놈, (1.이따가 2.있다가) 보자!

*정답 ; 1, 2, 1, 2, 1

[재미난 이야기 한 걸음 더]

성균관대학교

우리나라에는 각 시대별로 최고의 교육 기관이 있었습니다. 고려시대에는 국자감이 설립되었지요. 오늘날의 대학처럼 최고의 교육 기관이었던 국자감은 국학, 성균감, 성균관으로 바뀌었다가 조선시대 들어 성균관으로 이름을 굳혔습니다.

성균관은 갑오개혁으로 과거 제도가 폐지된 1894년까지 우리나라 교육의 중심이었습니다. 전국 곳곳에 세워진 360여 개의 향교와 더불어, 유교 교육을 바탕으로 한 조선시대 인재 양성을 책임졌지요.

그 후 일제강점기에 이르러 교육 기능을 빼앗기고 경학원으로 이름이 바뀐 성균관은 온갖 탄압에도 인재 양성에 대한 열정을 포기하지 않았습니다. 그런 집념은 명륜학원, 명륜전문학교의 과정을 거쳐 마침내 광복 후 성균관대학교를 탄생시켰지요. 그렇게 교육 기능의 전통은 성균관대학교로 계승되었고, 오늘날 성균관은 대학과 분리되어 따로 운영되고 있답니다.

재미난 이야기로 배우는
띄어쓰기 · 맞춤법

맺는 글

***조금 더 공부해요!

우리는 일상생활에서 우리글 우리말을 늘 사용하는 까닭에 반드시 지켜야 하는 법칙들을 가벼이 여길 때가 많습니다. 우리글 우리말은 생각보다 까다로운 면이 적지 않은데 말이에요. 그 법칙들을 정확히 이해하고 사용할 때, 우리글 우리말은 더욱 아름답게 빛날 것입니다.

■ '수탉'일까, '숫닭'일까?

'숫닭'은 '수탉'으로, '숫돼지'는 '수퇘지'로, '숫병아리'는 '수평아리'로, '숫당나귀'는 '수탕나귀'로, '숫개'는 '수캐'로, '숫강아지'는 '수캉아지'로 써야 해요. '암'이 붙어도 '암탉', '암평아리', '암캐' 등이고요. 그 밖에 '숫놈'이 아니라 '수놈', '숫소'가 아니라 '수소' 또는 '황소'라고 해야 맞지요.

■ '깡총깡총'일까, '깡충깡충'일까?

'깡총깡총'이 아니라 '깡충깡충'이라고 써야 해요. 큰말은 '껑충껑충'이지요. '오똑이'는 '오뚝이'로 써야 하고요.

■ '셋째'일까, '세째'일까?

'두째', '세째', '네째'가 아니라 '둘째', '셋째', '넷째'로 써야
해요.

■ '개발'일까, '계발'일까?

'개발'은 땅을 개척하거나 산업 등을 발전시키는 것을 말해
요. 또한 물건이나 생각 등을 새로 만들어내는 경우에도 쓰이
지요. '계발'은 감춰져 있는 슬기나 재능, 사상 따위를 일깨워
주는 것을 말해요.

그런데 '개발'이나 '계발', 두 가지 모두 쓰이는 경우도 있어
요. 예를 들어 '상상력 개발'과 '상상력 계발'이 그렇지요. 이
경우 의미가 달라질 뿐이에요. 앞쪽은 새로운 상상력을 창조
하는 것이고, 뒤쪽은 이미 존재하는 상상력의 재능을 한층 더
발전시키는 것이지요.

■ '살찌다'일까, '살지다'일까?

'살찌다'와 '살지다'는 품사가 달라요. '살찌다'는 '몸에 필요

이상으로 살이 많아지다.'라는 뜻의 움직씨(동사)이고, '살지
다'는 '몸에 살이 많은'이라는 의미의 그림씨(형용사)예요. 그
러니까 '이제 살쪄서 바지가 작아졌다.'라거나, '저기 살진 소
가 있다.'라고 해야 되지요.

또 다른 구분은 '~는'을 붙이고 못 붙이는 차이예요. 움직
씨 '살찌다'에는 '~는'을 붙일 수 있지만 그림씨 '살지다'에는
'~는'을 붙일 수 없어요. '살찌는 생활 습관'은 옳고, '살지는
생활 습관'은 틀리지요.

■ '강낭콩'일까, '강남콩'일까?

예전에는 '강남콩'이 표준어였어요. 그런데 이제는 '강낭콩'
이라고 써야 하지요. '삭월세'는 '사글세'로, '돐'은 '돌'로, '미
류나무'는 '미루나무'라고 써야 해요.

■ '쇠고기'일까, '소고기'일까?

'쇠고기', '소고기' 둘 다 맞아요. '쇠고기'가 원칙이지만, '소
고기'라고 써도 되지요. '네'가 원칙인데, '예'라고 해도 틀리
지 않는 것과 같은 경우예요.

■ '조리다'일까, '졸이다'일까?

'조리다'는 생선 따위에 간이 충분히 스며들게 하는 거예요.

이를테면 '나는 조린 갈치 요리를 좋아해.' 같은 문장이지요.

　그와 달리 '졸이다'는 찌개 따위에 물이 증발해 분량이 적어지는 거예요. 마음이 초조하다는 의미도 있고요. '국이 졸아 너무 짜다.'라거나 '시험 결과 발표에 마음을 졸였다.' 같은 문장을 예로 들 수 있지요.

■ '일절'일까, '일체'일까?

　'일절'은 '아주, 전혀, 절대로'의 뜻입니다. 흔히 어떤 상황을 부인하거나 행위를 금지할 때 쓰입니다. 이를테면 '이 산에 출입하는 것은 일절 금지되어 있습니다.' 같은 경우. 그와 달리 '일체'는 '전부, 완전히'의 의미입니다. 예를 들어 술집에 모든 종류의 안주가 다 준비되어 있는 경우 '안주 일체'라고 해야 합니다.

■ '띄다'일까, '띠다'일까?

　'띄다'는 '뜨이다'의 준말입니다. '뜨다'의 피동사(입음움직씨), 또는 '눈에 보이다' 등의 의미로 쓰입니다. '띠다'는 직책이나 사명 따위를 갖다, 빛깔이나 색채 따위를 조금 갖다, 감정이나 기운 따위를 나타내다 등의 의미입니다.

■ '늘리다' 일까, '늘이다' 일까?

'늘리다'는 수나 세력을 본디보다 많거나 크게 할 때 쓰입니다. '직원 수를 늘리다.' 같은 경우지요. '늘이다'는 본디보다 더 길게 할 때 쓰입니다. '고무줄을 잡아당겨 길게 늘여 봐.' 같은 경우를 예로 들 수 있습니다.

■ '저리다' 일까, '절이다' 일까?

'저리다'는 몸의 일부가 푹푹 쑤시듯이 아프다는 의미입니다. 피가 잘 통하지 않아 아린 경우에도 쓰이고요. '절이다'는 소금이나 식초 등으로 무엇을 절게 할 때 쓰는 말입니다.

■ '너비' 일까, '넓이' 일까?

'너비'는 평면이나 넓은 물체의 가로로 건너지른 거리를 말합니다. '넓이'는 평면이나 넓은 물체의 공간 크기, 즉 면적을 일컫고요.

■ '껍데기' 일까, '껍질' 일까?

'껍데기'는 달걀이나 조개 따위의 겉을 싸고 있는 단단한 물질을 말합니다. 그와 달리 '껍질'은 딱딱하지 않은 어떤 것의 겉을 싸고 있는 질긴 물질을 의미하고요. 그러므로 '조개껍데기', '사과 껍질'이라고 해야 옳습니다.

■ '햇빛'일까, '햇볕'일까?

'햇빛'은 말 그대로 해의 '빛'이라는 뜻입니다. '햇볕'은 해가 내려쬐는 '뜨거운 기운'을 의미하고요. 그러니까 햇빛에 물결이 반짝이고, 햇볕에 물이 따뜻해지는 것입니다.

■ '∨같이'일까, '⌒같이'일까?

'∨같이'는 '함께', '어떤 상황이나 행동 따위와 다름없이'의 의미입니다. '친구와 같이 공부했어요.'나 '책에 적힌 것과 같이 행동하세요.' 등을 예로 들 수 있습니다. 그와 달리 '⌒같이'는 '~처럼'의 뜻입니다. 이를테면 '소금같이 흰 메밀꽃' 같은 경우가 그렇습니다.